20

Jack russell

Santina & Johan De Meester

20x op stap met je hond in België

lannoo

inhoud

voorwoord

Dag beste lezer,

Een hond wordt steeds vaker als een volwaardig gezinslid beschouwd. We hebben er de gezondste voeding en de beste verzorging voor over. Een derde van de Vlaamse gezinnen heeft dan ook een of meer honden in huis.

Korte of langere uitstapjes blijven echter nog altijd een heikel punt. Natuurlijk is alles beter dan je hond(en) met een drogreden op een verfoeilijke manier in een asiel te dumpen. Echte hondenliefhebbers doen soms een beroep op een hondensitter of brengen hun trouwe viervoeter naar een hondenpension. Wie ben ik om hun dat af te raden, soms kan het ook niet anders. Maar voor een hond is het gezin zijn roedel en daar wil hij liefst zo dicht mogelijk bij blijven. Zeker als er een leuke – korte of lange – periode aankomt.

Santina en Johan De Meester, de schrijvers van dit boek, zijn specialisten op het gebied van toerisme. Tegelijkertijd zijn ze, net als alle *Woef*-lezers, gebeten door het hondenvirus. Ze gingen op zoek naar restaurants, hotels en bed & breakfastgelegenheden waar ook de hond welkom is. Zoals altijd namen ze hun bulterriër Biba mee. Het was geen makkelijke opgave, want er moest uiteraard ook de nodige variatie in het aanbod zitten. Het spreekt vanzelf dat iemand met een Duitse dog weleens op zoek durft te zijn naar een heel andere locatie dan een hondenbaasje met een roedel chihuahua's.

Als hoofdredacteur van *Woef* word ik meer dan ooit bestookt met brieven en mails van lezers die wanhopig op zoek zijn naar leuke verblijfplaatsen waar ook hun hond welkom is. Daarom ben ik er ook van overtuigd dat dit een boek is waar iedere rechtgeaarde hondenliefhebber die zijn lieveling overal bij zich wil hebben, echt op zit te wachten.

De auteurs probeerden alle locaties persoonlijk uit. Ze namen geen informatie over uit reclamefolders. Ik twijfel er dan ook geen moment aan om aan dit boek het Woef-

kwaliteitslabel toe te kennen. En wees gerust, we hebben het met alle redactieleden rustig doorgenomen en met enige voorkennis al een paar locaties bezocht.

Zelf heb ik thuis een jack russell en een dobermann. Neem van mij aan dat het makkelijker is om met de 'kleine' ergens te gaan overnachten dan met de 'grote'. Maar nu weet ik tenminste waar we met z'n allen welkom zijn.

Ik ben fier dat de uitgever voor dit voorwoord een beroep deed op mij: een 'goed product' aanprijzen, daar heb ik niet de minste moeite mee. Wel integendeel. Veel leesgenot en maak dan je keuze!

Jaak Pijpen

inleiding

Bulterriër

De eerste grote liefde in mijn leven was Bobbie van Kuifje. Zo'n hond wou ik later ook hebben, dus werd mijn eerste dier een foxterriër die – als het hem zo uitkwam – luisterde naar de naam Pino. Mijn echtgenoot Johan is ook een 'hondenmens', hij koos voor het pupje Daisy, een airedaleterriër met een grote 'will to please'.

Samen gingen we naar de hondenschool, waar we vriendschap sloten met andere baasjes. Pino en Daisy zijn verleden tijd, maar nog altijd gaan Johan en ik op zondag naar onze 'club'. Omwille van de vele vrienden daar, die er net als wij niet genoeg van krijgen om ervaringen uit te wisselen.

Johan heeft zich toegelegd op de 'hondenfotografie'. Hij houdt ervan spelende pupjes en honden in actie in beeld te brengen. Als fotograaf boeit de persoonlijkheid van een hond hem, want zelfs binnen hetzelfde ras heeft elke viervoeter toch zijn eigen karaktertrekken.

Toen ik op de hondenschool vertelde dat we een 'weg-zijn-met-je-hond'-boek zouden maken, kregen we veel enthousiaste reacties. Onze vorderingen werden op de voet gevolgd en, nog voor alle hoofdstukken afgewerkt waren, werden we al bestookt met vragen naar 'hondvriendelijke' adressen.

Johan en ik werken voor de toeristische pers en met onze bulterriër Biba reizen we stad en land af. Met onze eigen ervaringen én die van onze hondenvrienden, vonden wij dit boek een ware uitdaging. Wij spraken persoonlijk met de uitbaters van alle restaurants en hotels. Het verbaasde ons hoeveel mensen spontaan reageerden op onze vragen en precies konden uitleggen waarom honden - klein én groot én veel - welkom waren in hun zaak!

Samen zochten we wandelingen uit, waar baasje en hond gezond moe kunnen worden. Er is keuze tussen lange tochten of kortere lussen, bij elk hoofdstuk zitten er aparte doetips, hondenweetjes en praktische hondeninformatie.

Johan en ik wensen alle hondenbaasjes en hun troeteldier veel plezier toe!

Santina en Johan De Meester

overzichtskaart

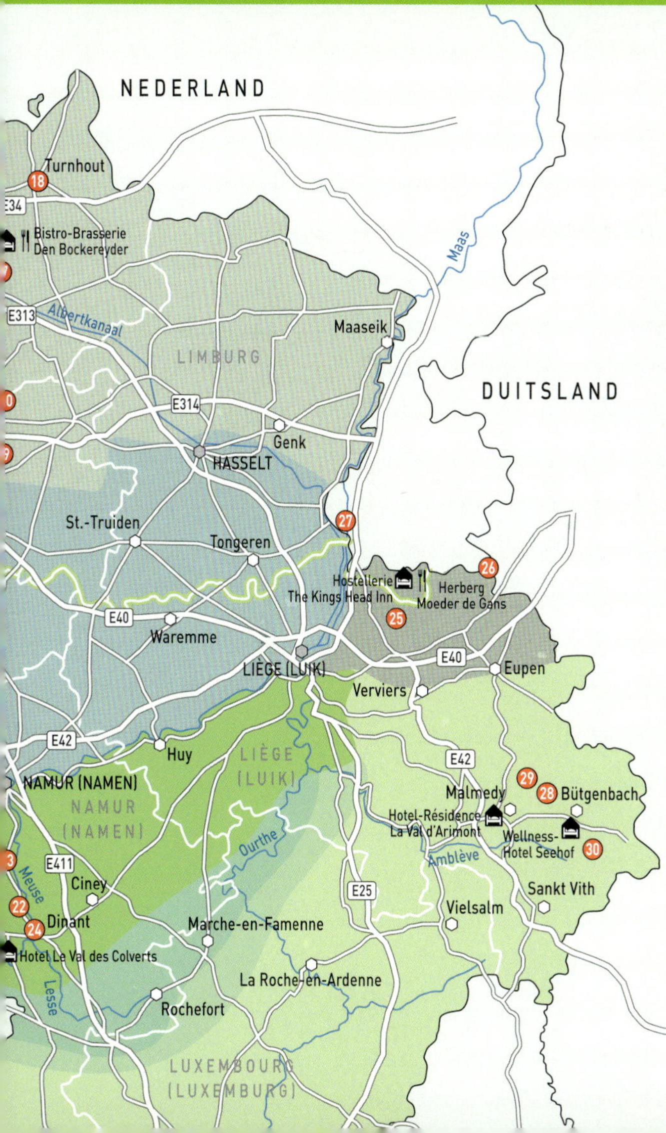

Middelkerke

1. Ten Duinen 1138
2. Ideeëntuinen
3. Domein Raversijde

Kemmel

4. Het labyrint en krinkeldewinkel
5. De Lettenberg
6. Bayernwald

Ath

7. Kasteel van Beloeil
8. Musée de la Pierre
9. Archéosite d'Aubechies

Het Waasland

10. Provinciaal Domein Puyenbroeck
11. Cruise van Lokeren naar Puyenbroeck
12. Hondsdolle dag in het kasteel van Beervelde

Wavre en Waterloo

13. Waterloo
14. Ferme du Château de La Hulpe
15. Abbaye de Villers-la-Ville

Kasterlee

16. Het Schedelhof
17. Bobbejaanland
18. Turnhouts trio: Nationaal Museum van de Speelkaart, Begijnhofmuseum, Taxandriamuseum

Het Hageland

19. Kasteel Van Horst
20. Pater Damiaanmuseum
21. Provinciedomein Kessel-Lo

Dinant

22. Cruise op de Maas
23. Les Jardins d'Annevoie
24. La Merveilleuse

De Voerstreek

25. Abbaye du Val-Dieu
26. Bezoekerscentrum Drielandenpunt
27. Sint-Pietersberg

De Oostkantons

28. De stuwmeren van Bütgenbach en Robertville
29. Kasteel Reinhardstein
30. ArsTecnica, ArsKrippana, ArsFigura

Duitse herdershonden

1. Middelkerke

VIERVOETERS WELKOM OP HET 'HONDENSTRAND'

Naar het 'hondenstrand'? Drinkwater niet vergeten!

Wat maakt de zee eigenlijk zo aantrekkelijk? Is het de geur van zout water die de zintuigen prikkelt? Of is het wetenschappelijk te verklaren dat jodium gezond is voor het welzijn van baas en hond? Feit is wel dat de veerkracht van nat zand en de schuimende branding die over je blote voeten rolt, aanvoelen als een weldoende pedicure.

Hotel 't Kasteeltje ligt binnen wandelafstand van de zee. Het is zalig om na het ontbijt je viervoeter aan te lijnen en samen de benen te strekken. Zowel Middelkerke als Westende staan bekend als 'familiebadplaatsen'. En beide plaatsen gaan nog

een stapje verder, want voor gezinnen die hun hond meebrengen werden er twee aparte hondenstranden voorzien. Je vindt die stranden - aangeduid met een hondvriendelijk bord - een eind gaan links en een eind gaan rechts van het casino van Middelkerke. Wil je de Noordzee ook je tong laten strelen, dan serveert kastelein Donald van restaurant The Cottage je met kennis van zaken dagverse vis, schaal- en schelpdieren.

Voor sportieve baasjes die met hun hond lange tochten willen maken is het uitgestrekte en autoluwe hinterland perfect geschikt. Je kunt kiezen tussen het Yselandpad, het Polder- en het Hoevepad. Maar... het is natuurlijk niet verboden om alle tochten te doen!

Knuffelen op de kamer

HOTEL 'T KASTEELTJE

Chantal, de gastvrouw van 't Kasteeltje, koestert zelf een Leonberger. 'Ook de hond van mijn moeder logeert geregeld bij mij. Neem gerust van mij aan, dat veel honden en hondenbaasjes betere manieren hebben dan sommige "hondloze" gasten.' Neem, voor je aanbelt, even de tijd om de eigenzinnige architectuur van dit hotel te bewonderen. Die doet vermoeden dat je hier alleen torenkamers vindt. En eigenlijk is dat ook zo, want Chantal koos ervoor om elk van haar negen kamers iets feeërieks te geven. Safari, Hamam,

> Veel honden en hondenbaasjes hebben betere manieren dan sommige 'hondloze' gasten.

Hotel 't Kasteeltje, Westendelaan72, 8430 Middelkerke
059 30 35 29, kasteeltje@telenet.be, www.hoteltkasteeltje.be

Provence, Neptune, Brugge, Marrakech of gewoon romantisch, de naam verraadt in welke sfeer je zult baden. Dan is er nog de Bamboe-jacuzzikamer, met een bubbelkuip ter grootte van een klein zwembad.
Maar de fantasie van Chantal hield niet op bij het aankleden van de kamers. Zo heeft de badkamer van de Jacuzzikamer een vloer die sterk gelijkt op een zandtapijt en herinnert de verlichting aan een fonkelende sterrenhemel. Bij de Safarikamer hoort een bedsprei met luipaardprint, een knipoog naar de gast is de kop van een giraffe – een trofee, maar dan in pluche. Neptune is een weelde van zeegroen, de romantische kamer kreeg een rozensprei en een zalmroze badkamer. Het erkervenster als uit Duizend-en-een-nacht nodigt uit tot mijmeren.
Overal staan snuisterijen die de sfeer onderstrepen. Op de bedden malse hoofdkussens, maar ook kleine sierkussentjes. Boven elk bed hangt een baldakijn met een gedrapeerde voile. En je gelooft het of niet, maar zelfs alle toiletbrillen zijn verschillend! 'Ik houd ervan om mijn kamers te knuffelen', zegt Chantal en het resultaat van haar passie is hartveroverend.
De gastvrouw werkt graag met haar handen, daarom serveert ze zelfgemaakte confituur bij het ontbijt en broodbeleg dat door haar vers versneden wordt. Ontbijten doe je in de sfeer van een Mexicaanse haciënda.

VOOR EEN 2de WEEKEND:

ANDERE LOGIESMOGELIJKHEDEN IN DE BUURT, WAAR JE VIERVOETER WELKOM IS

Hotel-restaurant Isaura, Koninginnelaan 86, 8430 Middelkerke
059 30 38 13, info@hotelisaura.be, www.hotelisaura.be

Hotel-restaurant The Cottage, H. Jasparlaan 150, 8434 Westende
059 30 62 25, info@hotelthecottage.be, www.hotelthecottage.be

Brasserie gekruid met saloonsfeer

HOTEL-RESTAURANT THE COTTAGE

Hond welkom!

Alleen al de bar van The Cottage maakt het meer dan waard om naar hier af te zakken. Het verbluffende meubelstuk slingert met een vage beweging door de gelagzaal tot in het diepste van de ruimte. Het hout werd afgewerkt met een rail van geelkoper, die gedragen wordt door olifantenkoppen.

Net zo adembenemend is het bijbehorende buffet, een en al werveling van glanzende spiegels en glas. In een western die zichzelf respecteert gaat zo'n imposante glazenkast op een spannend moment natuurlijk aan diggelen ... De ruimte heeft ook nog een opstapje, waar een laag houten balkonnetje met twee halfronde lederen zitbanken de saloonsfeer versterken. De pokerende revolverhelden mag je er zelf bij denken.

Hotel-restaurant The Cottage, H. Jasparlaan 150, 8434 Westende
059 30 65 25, info@hotelthecottage.be, www.hotelthecottage.be

Openslaande dubbele deuren met geslepen glas geven toegang tot het restaurant. De chef werkt in een open keuken en een kok die zich bij elke handeling door zijn gasten op de vingers laat kijken, spreekt natuurlijk voor zich. De kaart biedt een waaier van moderne klassiekers, maar met de kust binnen handbereik zijn vis en schaaldieren supervers. Bij mooi weer worden de maaltijden naar wens op het buitenterras geserveerd.
Buiten zowel als binnen verwelkomt de zaakvoerder mens én dier. 'In ons gezin waren we nooit zonder hond, maar als je in de horeca werkt ligt dat niet zo eenvoudig. De kinderen trokken tijd uit voor onze dieren, maar die zijn nu het huis uit en we hebben beslist om geen hond meer te nemen. Liever geen hond, dan een dier dat zich oeverloos verveelt.'
Een van de troeven van The Cottage is de livemuziek op zaterdag. Omdat de brasserie niet volgestouwd werd met tafels en stoelen, blijft er voldoende ruimte over voor een dansvloer. En dat er gedanst wordt, zul je geweten hebben. Is het érg gezellig geworden, dan kun je terug naar je hotel met de shuttlebus die de patron ter beschikking stelt. Die brengt je veilig en wel naar Lombardsijde-Dorp, Westende-Dorp of Middelkerke. The Cottage is gevestigd in een beschermd pand uit 1925, dat ooit dienstdeed als kraamkliniek.

Kastelein Donald verwent mens én dier, zowel in de brasserie als op het terras.

ANDERE LEUKE EN HONDVRIENDELIJKE RESTAURANTS IN DE BUURT:

Mossel- en visrestaurant Normandie, Zeedijk 130, 8430 Middelkerke
059 30 27 11

Hotel-restaurant Isaura, Koninginnelaan 86, 8430 Middelkerke
059 30 38 13, info@hotelisaura.be, www.hotelisaura.be

De mooiste wandelingen met je hond

POLDERPAD 10 km

In de vroege middeleeuwen was de zee geen vakantieoord, maar veeleer een aartsvijand die het achterland kon terroriseren. Verwoestende stormen konden de havenstadjes in minder dan geen tijd tot wrakhout herleiden. Dat was ook het lot van 'Longobardum'. De bewoners trokken weg en bouwden een nieuw haventje dat de naam 'Santhooft' kreeg. Dat was het prille begin van het huidige Nieuwpoort. Met tweeduizend ligplaatsen draagt de Eurojachthaven hier de trotse titel van 'grootste jachthaven van Noord-Europa'. Vanaf het Polderpad kun je een blik werpen op de luxueuze schepen die er de show stelen. Overigens is de IJzermonding ook een bijzonder natuurgebied rijk, dat twee keer per dag door de zee overspoeld wordt. In het natuurreservaat zijn honden niet toegelaten. Neem je een verrekijker mee, dan kun je het gebied overzien vanaf de ingang.

HOEVEPAD 9 km

d' IJzercloove, het Varkenshof, 't Graningate... de vele boerderijen langs het Hoevepad gaan prat op kleurrijke namen. Er is ook sprake van de 'kleine Bamburg', om het verschil duidelijk te maken met de 'grote Bamburg'. Waar de naam Rattevalle vandaan komt, is niet moeilijk te achterhalen. De brug vlakbij heet natuurlijk de Rattevallebrug en die leidde dan weer tot de naam van de nabije herberg. Schuddebeurze zou verwijzen naar de geldbeurs die leeggeschud werd om een laatste glas bier te betalen. Voor honden met een goede conditie is een wandeling van 9 km natuurlijk een peulschil, maar je kunt de tocht onderweg verlengen door aan de Rattevallebrug het jaagpad te volgen langs de Plassendalevaart.

Voor een hond in goede conditie is 9 km wandelen een peulschil.

zsla

YSELANDPAD 7,7 km

'Zij die willen ter kaap'ren varen, moeten mannen met baarden zijn ...' De IJslandvaarders van weleer waren ongetwijfeld geen kleine jongens, want om maandenlang op zee te zwoegen moest je uit het juiste hout gesneden zijn. Het Yselandpad – met vertrek aan het charmante Huis Yseland – houdt de herinnering levend aan de IJslandvaarders die in Westende hun thuishaven hadden. Om toch maar niets aan het toeval over te laten, trokken de zeebonken en hun familie voor de grote reis op bedevaart naar Lombardsijde. Een mis opgedragen ter ere van Onze-Lieve-Vrouw zou ervoor zorgen dat de vangst rijk was en dat de matrozen veilig zouden terugkeren. Later, als de mannen weer thuis waren, volgde opnieuw een bedevaart als dank voor de tussenkomst van Maria. Ook op deze wandelroute loop je rond de nieuwe jachthaven.

Alle wandelkaarten zijn te koop bij de Dienst Toerisme Middelkerke, J. Casselaan 4, 8430 Middelkerke,
☏ 059 30 03 68, ✉ toerisme@middelkerke.be

Doe-tips in de omgeving

1 ABDIJ TEN DUINEN

Een kleine stap voor de mens ... maar een grote sprong terug in de tijd. In Abdij Ten Duinen wandel je door een glazen gang van de 21ste eeuw naar de middeleeuwen. Een stoere ridder heet je welkom in het verre verleden. Het reilen en zeilen in een doorsneegezin uit die tijd is kort samen te vatten: vrouwen hebben geen enkel recht en kinderen mogen spelen tot ze zeven zijn. Levensechte figuren belichten het dagelijkse bestaan van de monniken vanaf de 12de eeuw. Je ziet hen aan tafel, in het scriptorium en bij het gebed, want daar werden de meeste uren van een etmaal aan besteed. Op welke manier de vrome zielen kuis bleven, kun je aflezen aan de 'kuisheidsmeter'. Letterlijk 'een berg van zilver' is het Zilvermuseum, waarvan de collectie vooral liturgisch zilver omvat. Tot de site behoren ook de abdijhoeve Ten Bogaerde en de Zuid-Abdijmolen.

Ten Duinen 1138, Koninklijke Prinslaan 8, 8670 Koksijde

058 52 16 85, mail.tenduinen@koksijde.be, www.tenduinen.be

Het domein is toegankelijk voor honden, het museum niet.

2 IDEEËNTUIN

Het idee achter de Ideeëntuinen is net zo eenvoudig als geniaal. In een groot park leg je achttien verschillende tuintjes aan, je zet er een plannetje bij en een plantenlijst - hier kan elke tuinliefhebber gratis ideetjes pikken. Toch hebben sommige mensen die gedachte niet goed begrepen, het is immers niet de bedoeling de planten uit te graven en mee te nemen ... Langs het park voert een lange autovrije wandelweg naar de IJzer, waar de rivier verbroedert met het water van de Noordzee.

Ideeëntuinen, Louisweg (Havengeul), Nieuwpoort

Het park is gratis toegankelijk en honden zijn er welkom.

1

3

3 DOMEIN RAVERSIJDE

Abdij, Ideeëntuin en Domein: alle honden welkom!

De Belgische koningen hebben altijd een nauwe band gehad met de kust. Leopold I zette er ooit voet aan wal en sindsdien had elk familielid er wel een zomerverblijf. Prins Karel, de broer van koning Leopold II, verbleef permanent in Koksijde vanaf 1950 tot zijn dood in 1983. Opmerkelijk is wel dat de prins genoegen nam met een simpel vissershuis uit de 19de eeuw. Het 'Paviljoen van de Prins' werd met de originele meubelen heringericht, ook de talloze snuisterijen kregen hun plaats terug. De koninklijke Karel schilderde ook. Je ziet er zijn palet, zijn golfuitrusting en beelden van de hand van koningin Elizabeth. Het is trouwens aan prins Karel te danken, dat het Openluchtmuseum Atlantikwall ongeschonden bleef. De site omvat zestig constructies uit de twee wereldoorlogen, met elkaar verbonden door twee lange gangen. De bunkers werden gerestaureerd en met authentieke voorwerpen en meubilair heringericht. Een pronkstuk is de codeermachine 'Enigma'. Op het eerste gezicht lijkt dit een wat vreemde schrijfmachine, maar het geniale ontwerp liet de geallieerden toe om gecodeerde berichten te ontcijferen. Op de archeologische site Walraversijde werden de resten van een vissersdorp uit de middeleeuwen opgegraven, en vier vissershuizen uit die tijd, compleet herbouwd en met replica's van archeologische vondsten ingericht. Rond het domein strekt zich een park uit met vijvers. Wandelaars, liefhebbers van tafeltennis en petanque worden er op hun wenken bediend.

Domein Raversijde, Nieuwpoortsesteenweg 636, 8400 Oostende

059 70 22 85, domein.raversijde@west-vlaanderen.be, www.west-vlaanderen.be/raversijde

Honden zijn welkom op het terrein, maar niet in de diverse musea.

Wonderlijke hondenweetjes

Mopshond

! HEKEL AAN HONDENHAAR

Mensen die een hekel hebben aan hondenhaar kunnen het best kiezen voor een ras dat weinig of geen haren verliest: de poedel, maltezer, bichon frisé of havanezer. Die hondjes moeten dan wel geschoren of getrimd worden om het dode haar te verwijderen.

! LA FORTUNE DE JOSÉPHINE

Keizerin Joséphine, de eerste echtgenote van de Franse keizer Napoleon, was dol op haar mopshondje Fortune. Het verhaal gaat dat Fortune 's nachts op de keizerlijke sponde sliep. Voor een andere keizerin, de legendarische Sissi, mocht het een maatje meer zijn. Zij had haar hart verpand aan Ierse wolfshonden.

! WELKOM THUIS!

Je komt thuis en je hond begroet je zo stormachtig dat je bijna omvalt. Herken je dit?

Vergeet dan niet dat opspringen aangeboren is. In de honden-oertijd toen de moeder de buit naar het nest bracht, sprongen de pups tegen haar op om het beste deel van de prooi te bemachtigen. Jonge wolfjes doen dit nog steeds. Door dit oergedrag is deze onhebbelijkheid moeilijk af te leren. Bovendien maken sommige baasjes de fout om, als het kersverse pupje tegen hen opspringt, het hondje te strelen. 'Kijk eens hoe lief, hij kent mij al!' Het enthousiasme in je stem en je liefkozingen bevestigen het jonge dier dat het een goede beurt maakt. Welke hond zou de mensenlogica begrijpen dat hij op zijn kop krijgt omdat hij met modderpoten tegen je beste pak opspringt?

Praktische hondentips

H_2O IS COOL

Een hond die voor het eerst naar het strand gaat, zal bij gebrek aan ervaring misschien wel zeewater drinken. Dit moet je tot elke prijs voorkomen, want van zout water gaat je trouwe vriend onmiddellijk braken! Neem bij lange (strand)wandelingen een fles drinkwater mee.

HET 'HONDENSTRAND'

Als je niet op het strand hebt gewandeld, heb je de zee niet gezien. Middelkerke is daarvoor een uitstekende keuze, want de stad stelt twee repen strand ter beschikking van hondenbaasjes. Hier is je hond het jaar rond welkom! Voorwaarden? Het dier loopt aan de leiband en je moet poepzakjes gebruiken. Een 'hondenstrand' vind je ten oosten van het casino, waar de Zeedijk en de C. De Grootelaan samenkomen. Het tweede deel ligt aan de westkant van het casino, waar de Koning Ridderlaan in de Strandlaan overgaat. Voor de rest geldt dat honden enkel op het strand mogen tussen 15 september en 1 juni.

ZONNEBRAND

Weinig honden liggen graag urenlang te bakken in de zon. Dat is trouwens niet zonder gevaar want een hond kan, net als mensen, een zonnesteek krijgen. Die herken je als het dier loom wordt, overmatig hijgt, waggelend loopt en struikelt. Wordt hij bewusteloos of krijgt hij hoge koorts, dan is zijn leven in gevaar en moet je spoorslags naar de dierenarts. Vooral honden met een dichte vacht zoals husky's krijgen het in de zon snel benauwd. Ook voor een zwarte hond is een zonnebad af te raden. Heb je zelf ooit zonnebrand opgelopen? Weet dan dat de rode huid en het branderige gevoel voor je hond net zo onaangenaam aanvoelt. Smeren met factor 30 helpt ook weinig, de hond zal de zonnecrème aflikken. En misschien nog lekker vinden ook!

2. Kemmel

VOOR SPEELVOGELS EN HUN VIERVOETERS

West-Vlaanderen laat zich het best typeren als 'zo vlak als een euro'. Maar niet in het westelijke puntje, dat terecht Heuvelland gedoopt werd. Dat is een verzamelnaam voor acht dorpjes die in de schaduw van de Kemmelberg liggen.

Kemmel, met zijn groene en landelijke dorpsplein, is al een eerste halte waard. Hier vind je Het Labyrint, het café-brasserie-museum-speeltuin-terras voor grote en kleine speelvogels en de viervoeter des huizes. Hostellerie Kemmelberg is dan weer een uitmuntend adres als je iets te vieren hebt. Hotel-Restaurant De Hollemeersch ten slotte is zo rustig gelegen dat je

Een kraaiende haan wekt hond en baas.

naaste buren koeien zijn en je hier gewekt wordt door het kraaien van een haan.

Het spreekt voor zich dat er zowel in de Tweebergenwandelroute als in de Geuzenwandelroute een berg 'verpakt' werd. Bij de route die aan de 'Slag om de Kemmelberg' herinnert, kun je kiezen uit een 5 km of een 10 km lange tocht. Terwijl je op het terras van De Hollemeersch van een drankje nipt en van het uitzicht geniet, kan je hond aan je voeten dromen van de konijntjes die hij onderweg zag.

Hond welkom!

A room with a view

HOTEL-RESTAURANT DE HOLLEMEERSCH

De Hollemeersch dankt zijn naam aan zijn ligging, die in de volksmond bekendstond als 'de hoge en de lage hollemeersch'. 'Meersch' betekent weiland, in dit geval de zuidhelling van de Kemmelberg. Maar de 'hollemeersch' had ook een kwalijke reputatie: wie hier niets te zoeken had, bleef er liefst zo ver mogelijk vandaan. Mensen die de heuvel kenden, wisten dat de glooiingen 'van de mare bereên' waren - streektaal voor 'van heksen bezeten'.

Met zijn witte voorgevel en de vrolijke kleuren van het houtwerk, doet het hotel denken aan een vakantie in de bergen. Een waar pronk-

Vergeet de tv en ga zuurstof tanken met je troeteldier.

Hotel-Restaurant De Hollemeersch, Lettingstraat 58, 8950 Heuvelland-Dranouter
057 44 44 06, hollemeersch@skynet.be, www.hollemeersch.be

stuk is de blauweregen die, naar zijn stam te oordelen, al vele tientallen jaren het balkon kleurt. Achteraan spelen andere kunstwerken van de natuur, het bladerdak van een half dozijn treuressen, voor parasol. Het ruime terras kijkt uit op de 'Schreve', zo noemt men hier de grens met Frankrijk. Omdat de zaak als een arendsnest op de heuvel ligt, krijg je een panorama van het Heuvelland.
Waar het aan ligt, is niet precies te zeggen, maar De Hollemeersch is een hotel waar je je onmiddellijk thuis voelt. Je wordt er bediend met een welgemeende glimlach en er is altijd tijd voor een praatje. Net alsof men je hier al jaren kent.
Dat viervoeters welkom zijn, begon als bij toeval. 'Sommige gasten brachten hun hond mee op het terras. Toen het dan te koud werd om buiten te zitten, hebben we de knoop doorgehakt en de honden ook in het restaurant toegelaten. Vandaar naar de hotelkamers was maar een klein stapje...', aldus Jan en Laurens Van den Weghe.
Op elke kamerdeur staat een geschreven levenswijsheid in spreukvorm, maar je moet wel enigszins vertrouwd zijn met het West-Vlaams om de grappige rijmelarij te kunnen ontcijferen. De kamers hebben geen individueel televisietoestel. Wie naar de buis wil kijken, kan terecht in de hal. Maar... vergeet voor enkele dagen de tv en de gsm en maak een ontspannende wandeling met je viervoeter. Geen hond die daar neen tegen zegt!

VOOR EEN 2[de] WEEKEND:
ANDERE LOGIESMOGELIJKHEDEN IN DE BUURT, WAAR JE VIERVOETER WELKOM IS

Hostellerie Kemmelberg, Kemmelbergweg 34, 8950 Heuvelland-Kemmel
057 44 41 45, host.kemmelberg@planetinternet.be, www.kemmelberg.be

Hotel-Restaurant Belvedere, Rodebergstraat 49, 8950 Heuvelland-Westouter
057 44 41 13, info@hotelbelvedere.be, www.hotelbelvedere.be

De chef is een 'lady'

HOSTELLERIE KEMMELBERG

Hond welkom!

De dame achter het fornuis van de Kemmelberg heet Solange Bentin. Zij werd in het jaar 2000 benoemd tot 'Lady Chef of the Year'. Op haar palmares staat ook de prijs van 'Mouton Rothschild', 'Meesterkok van België' en 'Toque Blanche' van de 33 meesterkoks van België. En dat terwijl deze dame helemaal geen koksdiploma kan voorleggen. Zij studeerde economie, maar ze groeide wel op in een hotel-restaurant aan de kust. 'Aan zee kun je geen gasten met een hond weigeren en dat hebben Erwin en ik ook hier zo gehouden.'

Vanaf haar jeugdjaren hielp Solange in de keuken. Zij leerde het vak van haar grootmoeder, en later werkte ze naast haar vader. Met haar echtgenoot Erwin Van der Kelen ging ze in het weekend helpen in het kustrestaurant. Ook hij kreeg de microbe te pakken en toen ze De Kemmelberg konden overnemen, twijfelden ze niet lang. Erwin ontpopte zich tot een perfecte gastheer in de zaal én een wijnkenner. Hij had intussen het diploma van sommelier verworven.

Hostellerie Kemmelberg, Kemmelbergweg 34, 8950 Heuvelland-Kemmel
057 44 41 45, host.kemmelberg@planetinternet.be, www.kemmelberg.be

Solange omschrijft haar keuken als 'klassiek met een eigen toets'. Haar kaart verandert om de drie maanden, de menu's worden om de zes weken aangepast. 'Ik componeer nieuwe gerechten eerst in mijn hoofd. Mijn ideeën bespreek ik dan met mijn man, ik probeer ze uit en serveer ze aan mijn medewerkers in de keuken. Als iedereen volmondig akkoord gaat, vinden ze hun weg naar onze gasten. Ik stel prijs op producten uit onze streek, mijn geitenkaas, yoghurt en hopscheuten. Hammetjes en lamsvlees komen van kwekers in de buurt. Zelfs onze hoevekippen worden speciaal voor ons gekweekt.'

Aan zee kun je moeilijk gasten met een hond weigeren en dat hebben Erwin en ik hier op de berg ook zo gehouden.

ANDERE LEUKE EN HONDVRIENDELIJKE RESTAURANTS IN DE BUURT:

Hotel-Restaurant De Hollemeersch, Lettingstraat 58, Heuvelland-Dranouter
057 44 44 06, hollemeersch@skynet.be, www.hollemeersch.be

Het Labyrint, Dries 28, Heuvelland-Westouter
057 44 65 81, hetlabyrint@belgacom.net, www.hetlabyrint.be

De mooiste wandelingen met je hond

GEUZENWANDELROUTE 9,6 km

Het vertrekpunt van de Geuzenwandelroute is de Markt van Nieuwkerke. Aan de afmetingen van de kerk kun je zien dat Nieuwkerke ooit heel welvarend was. Die rijkdom dankte het dorp aan de lakennijverheid die een bloeitijd kende tot rond 1550. Maar dan begonnen de Engelsen zelf laken te weven en was het vrij plots uit met de welvaart. In het nabije plantsoen houden drie verfplanten de herinnering aan dit verleden levend: wede kleurde het laken blauw, meekrap rood en wouw geel. Met behulp van de kaardenbol werd de wol 'gekaard', gekamd dus. Ben je aan een verfrissing toe en je hond aan een bak water, dan kun je verpozen in Brasserie De Kauwakkers in de Kauwakkerstraat. Hier zijn alle viervoeters welkom!
De 'Walletjes' op deze wandelroute hebben geen verband met hun Amsterdamse naamgenoot. Ze verwijzen hier naar een heuvelkam. Dat hoogteverschil van 80 m hoef je niet in één keer te overwinnen. Niemand verbiedt je onderweg even op adem te komen en van het uitzicht te genieten.

TWEEBERGENWANDELROUTE 7,2 km

In het Heuvelland kent elk kind de naam van de 'bergen' waar West-Vlaanderen zo trots op is. De centrale heuvelkam wordt gevormd door de Zwarte-, Rode-, Scherpe-, Vidaigne- en Kemmelberg. Je raadt het al, op deze route moet je diverse bergen overwinnen. De minder bekende Sulferberg laat je een pittige klim maken om een hoogteverschil van 20 m te overbruggen. Boven krijg je een prachtig uitzicht op Westouter, de daarachter liggende Boeschepeberg en de Catsberg met de trappistenabdij.
Via een 'boerenslag', want zo wordt een aardeweg hier genoemd, klim je verderop tot op de Goeberg. Zulke weggetjes zijn zonder uitzondering erg landelijk en rustig en jij en je hond kunnen er flink de pas in zetten. Ook de beklimming van de verderop gelegen Rodeberg kan je laten zwoegen, maar op de top staat gelukkig een zitbank. Bij helder weer kun je van hieraf de IJzertoren in Diksmuide zien.

DE SLAG VAN DE KEMMELBERG 5 of 10 km

In een 'boerenslag' kan de baas er met zijn hond flink de pas in zetten.

Met de brochure *Verhalen voor onderweg* krijg je de geschiedenis van de Slag om de Kemmelberg in een notendop aangereikt. De monumenten op deze route worden belicht en ooggetuigen die de periode van april tot september 1918 niet vergeten zijn, doen hun verhaal.
Het verslag wordt geïllustreerd met veel zwart-witfoto's, pentekeningen gemaakt door frontsoldaten en uittreksels uit hun brieven. De lijvige brochure start met een kaartje dat de verschillende fronten verduidelijkt. De feiten worden op een rijtje gezet, met de daaraan gekoppelde data die het verloop van de slag aantonen. Ook het landschap onderweg en de bergen aan de horizon krijgen aandacht. Niet alleen mens en dier werden het slachtoffer van het bloedvergieten, ook de Kemmelberg zelf werd grotendeels vernietigd. Vandaag is het moeilijk je voor te stellen dat de berg, waar je zo heerlijk kunt stappen met je hond, in 1918 vergeleken werd met een 'grote doorprikte vingerhoed'.

De brochure is te verkrijgen bij **VVV Heuvelland**, Reningelststraat 11, 8950 Heuvelland-Kemmel,
057 45 04 55, toerisme@heuvelland.be, www.heuvelland.be

Doe-tips in de omgeving

4 HET LABYRINT & KRINKELDEWINKEL

Al ooit in een labyrint gelopen met je hond?

In Het Labyrint is nostalgie troef! In deze taverne staan op elke tafel spelletjes om te spelen bij wijze van aperitief. Verder is de ruimte tot het plafond gevuld met lang vergeten voorwerpen. Uitgediende dameshandtassen, wekkers, Christusbeelden van extra small tot extra large, pijpen bij de vleet... Het toilet werd – hoe kan het anders – een museum van nachtemmers en ondersteken. Het begint je nu stilaan te dagen dat de eigenaars dol zijn op het verzamelen van nostalgisch huisraad allerhande en hun 'verzameling-verzamelingen' loopt tot in de nok van de tweede verdieping. Als je de juiste leeftijd hebt, ontlokt het kinderspeelgoed je zeker een uitroep van blij weerzien. Het museum is gratis en vrij toegankelijk.

In de tuin heeft de eigenaar een labyrint aangelegd... wedden dat je hond sneller de uitgang vindt dan jij? Je kunt hier ook steltlopen en hinkelen, er is een levensgroot damspel en onder het afdak wacht een 'boltra'. Krinkeldewinkel, van dezelfde eigenaars en naast Het Labyrint gelegen, is een speelgoedwinkel.

—

Het Labyrint en Krinkeldewinkel, Dries 28, 8950 Heuvelland-Kemmel

057 44 65 81, hetlabyrint@belgacom.net, www.hetlabyrint.be

Honden zijn welkom, ook in de taverne.

5 DE LETTENBERG

Wat de Eerste Wereldoorlog betreft, wordt het Heuvelland in ruime mate overschaduwd door de slagvelden nabij Ieper. Maar ook hier was het bloedvergieten onnoemelijk, met de Lettenberg als stille getuige. Deze 'berg' is eigenlijk een zijheuvel van de Kemmelberg, met een hoogte van 97 m.

Heuvels – ook al zijn ze niet zo érg hoog – gelden onder militairen als ideale uitkijkposten. Dat was ook hier niet anders: een ondergrondse observatiepost van de Brit-

4 | 6

ten keek uit op de frontlijn die van Mesen over Wijtschate naar Ieper liep. De bunkers, compleet met slaapplaatsen, werden in 1917 gebouwd. In april 1918 bezetten Duitse troepen de bunkers, wat tot de Slag om de Kemmelberg leidde. De vijand probeerde alsnog om naar Duinkerque door te stoten. Wat uiteindelijk niet lukte, want de West-Vlaamse 'bergen' bleken tenslotte toch een té sterke natuurlijke hindernis.
De site van de Lettenberg werd volledig authentiek gerestaureerd, waarbij drie van de vier bunkers op bepaalde dagen toegankelijk zijn voor het publiek.

—

Je vindt de site in de Lokerstraat, ter hoogte van het kruispuntje met de Kattekerkhofstraat, op de westelijke flank van de Lettenberg. Honden zijn toegelaten.

6 BAYERNWALD

Ook Bayernwald speelde een strategische rol in het verloop van de 'Grooten Oorlog'. De heuvel was slechts 40 m hoog, maar toch werd er een verbeten strijd gevoerd om het bezit ervan. De Duitsers wonnen het van de Fransen in 1914 en vanaf dat moment kreeg de site de naam 'Bayernwald' opgespeld. Drie jaar lang zwoegden de manschappen om hun territorium tot een oninneembare vesting uit te bouwen. Wat de plannen van de Britten waren, daar had de vijand natuurlijk het raden naar. In de hoop iets te kunnen opvangen, legde het Duitse leger op grote diepte een netwerk aan van 'luisterschachten'. Er werden ook bunkers gebouwd, als bescherming tijdens beschietingen. Uiteindelijk, na veel schermutselingen, konden de Britten in september 1918 opnieuw beslag leggen op de heuvel. Twee maanden later was alles definitief voorbij. De site Bayernwald werd bij toeval ontdekt in de zomer van 1971. Bij de eerste restauratie werden vier bunkers en een netwerk van loopgraven blootgelegd.

—

Je vindt de site in de Voormezelestraat, in de richting van Wijtschate. Bayernwald is een privaat domein en kan alleen bezocht worden door contact op te nemen met de toeristische dienst van Heuvelland (adres zie boven). Daar krijg je een cijfercode waarmee je de toegangspoort kunt openen. Honden zijn toegelaten.

Wonderlijke hondenweetjes

! HONDEN MET EEN BAAN

Behalve een blindengeleidehond zijn er nog andere 'hondenbaantjes'. Zo leidt vzw Hachiko hulphonden op voor mensen met een handicap. Elke afgestudeerde hond kent minstens 52 'werkwoorden'. Hij opent deuren, reikt een wijnglas aan, haalt de gsm, en tijdens het winkelen neemt hij het gevraagde uit de rekken en betaalt aan de kassa.

Epilepsiehonden worden getraind om hun baas te waarschuwen als die een aanval gaat krijgen. De hond kan de aanval niet voorkomen, maar hij zorgt ervoor dat zijn baas tijdig kan gaan zitten of liggen in plaats van te vallen.

! HOREN, ZIEN EN AANWIJZEN

De jongste telg in de hulphondenfamilie is een signaalhond die door Hachiko opgeleid werd om een dove jongen te helpen. De hond wekt zijn baasje, waarschuwt voor achteropkomend verkeer, wijst een gevallen sleutelbos aan, wijst als de deurbel rinkelt of het klokje van de magnetron gaat...

Golden retrievers

! KWISPELSTAARTEND WERKEN

'Je hulphond is je beste vriend, hij mag overal mee en voert kleine klusjes uit waar hij flink voor geprezen wordt. Daarom mag een hulphond nooit door vreemden geaaid worden, knuffels zijn een beloning voor geleverd werk en dus het voorrecht van de baas', aldus Caro van Hachiko.

Praktische hondentips

Shih tzu

IK GA OP REIS EN IK NEEM MEE...

Ga je een paar dagjes weg met je hond, dan is zijn eigen kussen of deken onontbeerlijk. Omringd door bekende geuren zal hij zich in een vreemde kamer beter thuis voelen. Handig is een matje om onder zijn eet- en drinkbakje te schuiven. Oude handdoeken zijn geschikt om slijkerige poten en vacht af te drogen. Een spuitbus tegen typische hondengeurtjes heeft ook al vaak zijn nut bewezen. Voldoende voorraad van zijn dagelijkse kost voorkomt problemen met de spijsvertering. Alle attributen voor een grondige borstelbeurt kunnen van pas komen. Ook een speciaal tangetje om teken te verwijderen is handig. Poepzakjes en een schepje krijgen een plaats in de rugzak voor onderweg!

VOLDOENDE DRINKEN

Heb je een langere autorit gepland, maak dan geregeld een pitstop om de hond te laten drinken, plassen en even de pootjes te strekken. Drinkwater voor tijdens de rit is onmisbaar; water om tijdens de wandeling zijn dorst te lessen wordt beslist in dank aanvaard.

AANGELIJND STAAT NETJES!

Tot de basisuitrusting behoren de halsband en een stevige hondenlijn. Ook voor binnen, want hondvriendelijke restaurants vragen toch altijd om het dier aangelijnd te houden. Dan pak je nog een favoriet speeltje en de hondensnacks in. Het is tenslotte vakantie voor iedereen!

Brussels smoushondje

3. Ath

STAPSCHOENEN AAN, LEIBAND IN DE HAND – ATH, HIER KOMEN WE!

Baasjes met hun hond lopen elkaar hier niet voor de voeten

Een Japans spreekwoord zegt: 'Geen enkele weg is lang met een vriend aan je zijde.' Dat geldt zéker en vast ook voor je hond! Een fijne dag in het Land van Ath kan er zo uitzien: eerst lekker uitslapen en dan, na een vorstelijk ontbijt, een wandelroute kiezen die je door bos en veld voert... Je kunt kiezen uit een waaier van maar liefst 70 bewegwijzerde tochten, gaande van 1,5 km tot 18 km. Baasjes met hun hond lopen elkaar hier niet voor de voeten.

Om van hotel Les Auges naar restaurant Au Sam'Suffit te stappen, hoef je enkel het terras over te steken. Een bob

heb je dus zeker niet nodig. De twee zaken worden uitgebaat door hetzelfde echtpaar, Sam en Virginie. Zij vinden het niet meer dan logisch dat je huisdier op de kamer slaapt en in het restaurant aan je voeten ligt.

Misschien vind je ook de tijd om een zijsprongetje te maken naar Ath. Dit aantrekkelijke stadje heeft een ruime Grand'Place; op warme zomerdagen zijn de terrasstoeltjes hier niet te tellen. Het moet al heel vreemd gaan, mocht je hier geen zitje vinden om je benen uit te strekken en wat te luieren in de zon met een drankje erbij. Zoals steeds met je hond aan je voeten.

Slapen en eten met je hond in het doodstille Brugelette

HOTEL LES AUGES

> Honden welkom, katten welkom, we hadden zelfs ooit een gast met een slang.

Brugelette is een van die doodstille dorpjes waar Henegouwen een patent lijkt op te hebben. Hotel des Auges ligt weliswaar in het hart van het plaatsje, maar lawaai is hier ver te zoeken. Met levensgrote letters maakt het hotel zijn ligging duidelijk. Van buitenaf zie je zo weinig 'hotel', dat je voorbijrijdt voor je het weet.

Patron Sam: ' "Les Auges" betekent "de troggen". Dit was ooit een boerderij en de arduinen eet- en drinkbakken hebben we gebruikt om het terras te verfraaien.' Het uitnodigende terras dat bestemd is voor de hotelgasten, is dan ook het eerste wat opvalt bij het oprijden van de ruime parking.

De receptie heeft iets weg van een huiskamer en dat is niet toevallig. Sam en Virginie, zijn echtgenote, vinden het zalig als hun gasten zich thuis voelen in Les Auges.

De tien kamers liggen op de eerste verdieping van een moderne aanbouw. In de gang kijk je op het neerhof. Virginie: 'Of wij van dieren houden? Bekijk onze kleine zoo met ganzen, eenden en kippen. We houden ook katten en een kleine poedel. Bij ons logeren veel wandelaars die hun hond meebrengen. We hadden al mensen met een kat. Ooit was er zelfs een gast die zijn slang meegebracht had. Mijn man en ik moesten erom lachen, maar voor het kamermeisje was het wel even slikken.'

Heel aantrekkelijk in dit hotel is de nadrukkelijke tegenwoordigheid van licht en ruimte. De gang herinnert aan een Mexicaanse haciënda, door de warmbruine tegels op de vloer en de zuiders witte muren. De

Hotel Les Auges, Place de la Résistance 12, 7940 Brugelette
068 45 72 50, lesauges@skynet.be, www.lesauges.be

bedden kregen pastelkleurige overtrekken die een heldere toets geven aan de crèmekleurige muren. Alle kamers hebben een witte badkamer met bloedrode accenten. Verder staan er comfortabele leren zeteltjes die je, als je uitgeteld terugkomt, als het ware omarmen.

VOOR EEN 2de WEEKEND:

ANDERE LOGIESMOGELIJKHEDEN IN DE BUURT, WAAR JE VIERVOETER WELKOM IS

Hotel Melissa, Place Jean Absil 10, 7603 Bon-Secours
069 77 05 00, hotel.melissa@skynet.be, www.bonsecours.be

Auberge Le Vieux Moulin, Rue Bonne Nuit 15, 7864 Deux-Acren
068 33 38 04, www.opt.be/informations/hotels

Hond welkom!

Een dorp waar je nog een haan hoort kraaien

RESTAURANT AU SAM'SUFFIT

Hotel Les Auges en restaurant Au Sam'Suffit zijn twee zaken die bij elkaar horen. Het terras van het hotel ligt achteraan en loopt naadloos over in het terras achter in het restaurant. Verbindingspunt is een deels overdekte tuin, waar palmen groeien en rozen, de favoriete bloemen van gastvrouw Virginie. Hier zie je de arduinen trog en de ruif voor het hooi, die de landelijke sfeer benadrukken.

Het restaurant – de naam is een woordspeling op patron Sam – vond een onderkomen in een herenboerderij uit 1930. De boer was blijkbaar in goeden doen, dat zie je aan de planken op de grond, de stijlvolle houten deuren met de koperen klinken, de oorspronkelijke vloer in mozaiek. De bar werd ondergebracht in de vroegere 'mooie kamer'. Je kunt er een aperitief nemen of een slaapmutsje drinken. Neem je plaats in een van de elegante leren zeteltjes, dan kijk je uit op het belangrijkste

Restaurant Au Sam'Suffit, Place de la Résistance 8, 7940 Brugelette
068 45 72 50, lesauges@skynet.be, www.lesauges.com

plein van een dorpje zo stil, dat je er nog een hond hoort blaffen en een haan hoort kraaien.

Als je honden verwelkomt in je hotel, kun je hen niet naar de kamer verbannen als de baasjes smullen.

Het eerste deel van het restaurant heeft twee blikvangers. Eerst en vooral is er de fantastische schoorsteenmantel, die werd afgewerkt met zwart marmer en een koperen haardplaat. Verderop stap je langs een enorme grill, groot genoeg om een complete os te roosteren. Het open vuur wordt gestookt met hout, gegrild wordt er op de houtskool. Een vernuftige metalen constructie schermt de rook af. Overigens staan de grillades van Sam bekend in de regio.

Openslaande glazen deuren geven toegang tot een veranda; een heuse wintertuin met grote potplanten die overduidelijk goed verzorgd worden. Hier kijk je uit op de tuin met veel groen, rijkelijk gevulde bloembakken en hoge coniferen. Op warme zomeravonden wordt de tuin verlicht, zodat je buiten kunt eten.

En je hond? Die neem je gewoon mee in het restaurant. Virginie: 'Als je honden verwelkomt in je hotel, kun je hen bezwaarlijk verbannen naar de kamer als de baasjes smullen.'

ANDERE LEUKE RESTAURANTS WAAR JE VIERVOETER WELKOM IS:

Restaurant La Trattoria, Grand'Place 1, 7800 Ath
068 28 73 39, www.athinfo.be

The Chesterfield, Grand'Place 42, 7800 Ath
068 28 02 50, www.athinfo.be

De mooiste wandelingen met je hond

DE RONDE VAN DE BLANC MOULIN 6,5 km

De 'Blanc Moulin', een windmolen uit 1789, is de trots van het dorp Ostiches. Het monument staat er op z'n zondags bij, sneeuwwit geschilderd en tot in de puntjes gerestaureerd, zodat hij weer maalvaardig is. Wil je het binnenwerk van de Blanc Moulin bekijken, dan kun je het best op zondagnamiddag komen. Wel moet je hond dan even beneden blijven, want molens staan bekend om hun steile trappen die van zolder naar zolder leiden. Op de hoogte die als Pidebecq te boek staat, is er ook nog een kapel en een calvarieberg.
Ben je het piepkleine dorpje uit, dan loopt de route verder door een landschap dat uit vele tinten groen bestaat met hier en daar een eenzame hoeve.
Misschien ben je verwonderd over de zogenaamde 'nagelboom', waar bijgelovige zielen stukjes stof op een eik nagelden om een ziekte te voorkomen. Je hond zal zeker ook de boom kunnen waarderen, maar dan om meer bij-de-grondse redenen.

MOLENCIRCUIT 18 km

Ook deze wandeling start aan de witte molen die als een baken het landschap tekent. Kies je voor deze tocht van 18 km, dan ben je wellicht een geoefende wandelaar en is je viervoeter het gewend zijn baasjes te begeleiden op daguitstappen met de benenwagen. Niemand verbiedt je natuurlijk om onderweg verkwikkende rust- en picknickpauzes in te lassen.
De route brengt je langs een kleine reeks molens. Moulin de Bilhée is een watermolen die al zijn sporen verdiende in 1128. De Moulin de Tenre is ook een watermolen. Zijn naam zou verwijzen naar de Dender, de rivier die hem voedt.
Dezelfde rivier speelt ook een rol in het natuurreservaat 'Les Bas Prés de la Dendre', letterlijk vertaald 'De lage weilanden van de Dender'. Die brok natuur van 5,10 ha waakt over de oude weilanden in de Dendervallei.

HET BETOVERDE PAD 7 km

De start van de wandeltocht ligt in een gehucht dat bij het dorpje Frasnes-lez-Anvaing hoort. Dat plaatsje stond ooit bekend voor de suikerraffinaderij. De fabriek floreerde in de tijd dat suiker nog niet bestempeld werd als slecht voor het gebit. In diezelfde tijd waren suikerklontjes typische hondensnoepjes.

De route dankt haar naam aan groepjes dwergen die zich onder dode bladeren of in holle bomen zouden verbergen. Om de wezentjes op het pad der braafheid te houden, wordt er aangeraden om enkele magische formules te prevelen. Als je die kent tenminste...

Van het bos van Martimont heb je wellicht nooit gehoord en toch werd hier een vondst van formaat gedaan. In 1864 vond een arbeider er twee Keltische halskettingen en gouden munten. Die kregen een definitieve plaats in... het Metropolitan Museum in New York!!

Rottweiler

Als je hond zijn baasjes begeleidt op dagtochten met de benenwagen...

'Wandeltochten in Le Tournaisis' is een map met 36 uitgestippelde en bewegwijzerde routes. Verkrijgbaar in loepzuiver Nederlands bij Office du Tourisme d'Ath, Rue de Pintamont 18, 7800 Ath,
068 26 51 70, office.de.tourisme@ath.be, www.ath.be

Doe-tips in de omgeving

7 KASTEEL VAN BELOEIL

Napoleon was geen goede maatjes met de oude adel, dat is bekend. Voor hun fraaie kastelen had hij wél oog, ook het 'Belgische Versailles' nam hij al snel in beslag. Dat Beloeil al sinds de 14de eeuw toebehoorde aan het Huis de Ligne liet de Franse keizer ijskoud. Voorbij de stijlvolle eretrap volgen kamers en zalen elkaar op. In de Conferentiezaal hangen portretten van mooie kasteeldames van weleer. Het was zeker geen pretje om met een ingesnoerde taille en een enkellange japon warme zomerdagen te trotseren. Gelukkig werd vanaf de 18de eeuw de Damesvijver gebruikt om te baden. Buiten waakt Neptunus over het 6 ha grote meer. Beloeil is bekend om zijn Franse tuinen, die tot de beroemdste van Europa behoren.

—

Kasteel van Beloeil, Rue du Chateau 11, Beloeil, 069 68 94 26, fondation.ligne@skynet.be, www.beloeil.be. In het kasteel en het park zijn honden niet toegelaten.

8 MUSEUM VAN DE STEEN

Vele honderden jaren draaide alles en iedereen in Maffle rond het verwerken van de blauwe steen, tot de directie het in 1962 voor bekeken hield. De oude steengroeven liepen vol water en het huis van de vroegere patron werd het huidige Museum van de Steen. Na een bezoek weet je beslist alles over arduin (ook 'kleingraniet' genoemd), van het uithakken tot het slijpen. Gelukkig werden ook de arbeiders niet vergeten. Ooit werkten hier zeshonderd mensen. Vergeelde foto's geven je een beeld van hun harde leven en het zware werk.
Heel ontspannend is een wandeling op de oevers van de oude putten, een aparte combinatie van groen en vogelzang, van oude machines en kalkovens.
Laat je hond hier zeker niet zwemmen, het water is onmetelijk diep én ijskoud!

—

Musée de la Pierre, Chaussée de Mons 419, 7810 Maffle, 069 26 92 36, musee-de-la-pierre@ath.be, www.ath.be/museedelapierre. Op het terrein rond het museum is je hond welkom.

8 9

9 ARCHEOSITE VAN AUBECHIES

De wereld van Asterix en Obelix, én hun hondje Idéfix, komt hier volop tot leven. In Aubechies kun je in openlucht een prehistorisch dorp bezoeken dat tot in het kleinste detail nagebouwd werd, onder het waakzame oog van archeologen. De wandeling begint zevenduizend jaar terug in de tijd. Je kuiert er van het bronzen naar het ijzeren tijdperk, van het Gallische huis naar de pottenbakker en de smid. De huisjes werden nauwgezet ingericht, alle voorwerpen zijn reproducties van originele stukken, die toentertijd gebruikt werden.
De dierenhuiden, de loslopende kippen, de schedels die drogen in de zon, onze voorouders zouden zich hier beslist thuis voelen. Bij de site hoort nog een volledig ingerichte Romeinse villa, Domus Romana, een huis uit de 2de eeuw van onze jaartelling. In de *Taberna* (bar) kun je plaatselijke specialiteiten proeven.

Archéosite d'Aubechies, Rue de l'Abbaye 1, 7972 Aubechies,

069 67 11 16, contacts@archeosite.be, www.archeosite.be

Op het terrein zijn alle honden welkom.

Wonderlijke hondenweetjes

Dalmatiër

! LACHEN IS GEZOND, OOK VOOR JE HOND

Wist je dat een hond écht kan glimlachen? Hij trekt daarbij zijn lippen naar achteren, houdt zijn mond lichtjes open en krijgt pretlichtjes in zijn ogen. Om hem te laten lachen zijn er simpele kneepjes: wrijf zachtjes met je knokkels onder de basis van zijn oor. Zoek de kruinen in zijn vacht en volg het spiraaltje met je wijsvinger. Tegen de haren in strijken zorgt voor opwinding. Krab eens onder zijn halsband. Bespeel zijn ribben alsof het pianotoetsen zijn.

! BAKJE LEEG = BUIKJE VOL

Een geprakt aardappeltje, een eindje worst, een restje spaghetti...het is erg verleidelijk om je hond kliekjes voor te schotelen. En er is ook geen hond ter wereld die mensenvoedsel weigert. Alleen is onze dagelijkse kost te vet en te gekruid voor hem. Bovendien is een hond een gewoontedier. Je hoeft je dus zeker niet schuldig te voelen omdat je hem elke dag dezelfde brokken voert. Toch een extraatje? Meng af en toe een eierdooier door z'n voer. Wordt ook gesmaakt: tonijn in eigen nat uit blik.

! HIS MASTER'S VOICE

De naam Nipper doet wellicht geen bel rinkelen en toch is dit hondje wereldberoemd. Het dier kwam na de dood van zijn baas terecht bij een ander gezin. Daar speelde geregeld een oude grammofoon, waar de hond voor ging zitten terwijl hij zijn kopje scheef hield. Net alsof hij wachtte op de stem van zijn oude baas. Dat vond zijn nieuwe baas zo grappig dat hij er een schilderij van maakte dat hij 'His Master's Voice' doopte. Het werk raakte wereldwijd verspreid als uithangbord van the Gramophone Company.

Praktische hondentips

NIET OP BED MAAR ERNAAST

Als hondenbaasjes een weekendje weggaan, nemen ze graag hun dier mee. Het antwoord op enkele vragen leert je of je hond een welopgevoede gast kan zijn. Is hij van het blafferige type? Kan hij eventjes alleen blijven zonder het hotelmeubilair te slopen? Zal hij tijdens je afwezigheid jammeren? Blijft hij rustig in een vreemde omgeving? Is hij zindelijk?

Er is geen wet die hotelhouders ertoe verplicht om 'hondvriendelijk' te zijn. Doet men dat wel, dan zijn er een paar spelregels. Verwacht wordt dat je hond niet op bed of op de sofa slaapt. Voelt je hond zich oncomfortabel als hij niet op het bed slaapt? Neem dan een doek van dichtgeweven stof mee om een en ander te bedekken. In een hotelkamer met kamerbreed tapijt zet je zijn eet- en drinkbak in de badkamer.

MOOI BLONDJE MET LANGE HAREN

Houd in gedachten dat de gast die na je vertrek de kamer krijgt, allergisch kan zijn voor huisdieren. Daarom vragen bijna alle hotels een toeslag omdat de kamer niet alleen grondig gereinigd moet worden, maar ook gedesinfecteerd. En wat dacht je van een zakenman met de blonde haren van je golden retriever op z'n pak... Hoe moet hij dat straks aan zijn vrouw gaan uitleggen?

AMBASSADEURHOND

Neem je je hond mee naar een restaurant, dan moet hij tafelmanieren hebben. Dat betekent simpelweg 'onder-tafel-manieren'. Het dier blijft aangelijnd en ligt onder de tafel. Voor de meeste honden is aan de voeten van de baas liggen een ereplaats, dat is dus niet zo moeilijk aan te leren. Is je dier afgestudeerd in de kunst van het bedelen aan tafel, dan kun je hem beter thuislaten. Bedenk steeds dat jouw hond de ambassadeur is voor alle volgende honden!

4. Het Waasland

TREKPLEISTERS VOOR BAASJES EN HUN LIEVELING

De dierensoap 'Van den vos Reynaerde' speelt tegen het landelijke decor van het Land van Waas. De wegen van Reintje zijn ondoorgrondelijk, maar ettelijke dorpen en stadjes dragen 'hun' vos nog steeds hoog in het vaandel.
De open ruimte van het Waasland heeft alles wat een landelijke horizon aantrekkelijk maakt: akkers en weilanden, stokoude knotwilgen en houtwallen. Als toemaatje zijn er de oude turfputten, nu vijvers met schoon water omringd door brede rietkragen.

Ruisende bomen als wiegelied voor hond en baas.

Deze regio is een van de zeldzame 'stiltegebieden' in Oost-Vlaanderen. In het Cristal Palace hoor je 's nachts alleen het rui-

sen van de bomen. Het hotel ligt op een boogscheut van een trio restaurants: De Gulden Schaduw, Heidehof en Do Brasil. Wandel met je hond naar een van deze drie verschillende keukens. Dan heb je bij het terugkomen ook geen bob nodig!
Water is dé grote aandachttrekker in deze streek. Zo heeft Lokeren een boontje voor de Durme, die de charme van het stadje voor haar rekening neemt. Kun je geen weerstand bieden aan een snuifje stadsleven, dan boek je een kamer in Sint-Niklaas met uitzicht op de unieke Grote Markt. Doorheen het domein Puyenbroeck, dat een waaier aan trekpleisters heeft voor hondenbaasjes en hun lieveling, slingert de Zuidlederoute. Op de Molsbroek-Buylaersroute is het water taboe voor je hond, maar in de Moervaart op de Liniewegelroute komen waterratten wel aan hun trekken.

Slapen als een roos in de torenkamer

HOTEL CRISTAL PALACE

Hond welkom!

Gelegen in het hart van een groene en residentiële wijk, doet het Cristal Palace verrassend aan. Ook al werd het grote landhuis met de achthoekige toren nieuw gebouwd, toch oogt het geheel erg eerbiedwaardig. Die sfeer versterkt zich als je, via een deur in de toren, de ruime hal binnenstapt. Gangkasten die in een landhuis niet zouden misstaan, een staande klok, een vloer waarin je jezelf kunt spiegelen en het gedempte licht getuigen ervan dat de eigenaresse inspiratie vond in de Londense herenclubs van weleer.

Een marmeren trap leidt je naar de eerste verdieping, waar vier kamers liggen. Een verdieping hoger zijn er nog twee kamers. 'Die zijn het rustigst omdat je hier geen bovenburen hebt', aldus gastvrouw Janine. 'Hondenbaasjes raden we echter altijd een benedenkamer aan. Als je hond 's nachts al eens trippelt of luidop droomt, heeft niemand er last van.'

De achthoekige vorm van de torenkamers onderstreept de gezelligheid, een netjes opgemaakt bed belooft

Hotel Cristal Palace, Ommegangsdreef 53, 9250 Waasmunster
052 46 15 08, www.cristalpalace.be

Een ideaal hotel om 's avonds met je hond nog een straatje om te lopen.

een zalige nachtrust. Blikvangers in elke kamer zijn de glimmend geboende houten kasten. De badkamers zijn ruim en hebben alles erop en eraan, en omdat het oog ook wat wil, wordt het pastelkleurige marmer op de muren afgewisseld met attributen in harmoniërende tinten. Pure luxe!

Moe gewandeld kun je, gesteund door malse kussens en bijgelicht door een schemerlampje, wat lezen met een drankje bij de hand en de hond op zijn kussen. Je kunt op bed liggend televisiekijken of je warmpjes nestelen in een zacht lederen fauteuil.

Het ontbijt krijgt de naam 'continental' opgespeld. De knapperige broodjes en alle beleg van hartig tot zoet worden opgediend met porselein, kristal en linnen die de maaltijd luister geven. Cristal Palace heeft een grote tuin, waar de gasten welkom zijn om van de zon te genieten.

Omdat het hotel in een parkachtige omgeving ligt, is het een ideale locatie om 's avonds nog even de hond uit te laten.

VOOR EEN 2de WEEKEND:
ANDERE LOGIESMOGELIJKHEDEN IN DE BUURT, WAAR JE VIERVOETER WELKOM IS

Hotel De Spiegel, Stationsstraat 3, 9100 Sint-Niklaas
03 776 34 37, info@despiegel.be, www.despiegel.be

Hotel De Arend, Passtraat 232, 9100 Sint-Niklaas
03 776 01 26, info@hoteldearend.be, www.hoteldearend.be

De Heidekapel, waar Reintje de passie preekt

DE GULDEN SCHADUW

Michel en Dirk, de gastheren van De Gulden Schaduw, gaan steak met een pittig sausje of een gegrilde *côte à l'os* niet uit de weg. Daar krijg je dan wel verse frietjes bij! Zelf werken ze echter liever met vis: een verse zeetong, het neusje van de zalm of een vispannetje met huisgemaakte puree. 'Het geheim van een smeuïge puree is simpel. Je mag de gekookte aardappelen nooit met de handmixer bewerken, maar alleen pletten in de 'passe-vite', aldus de chef. In het maandmenu leven de keukenprinsen zich uit met seizoensproducten, en ook hier is er telkens keuze tussen vis en vlees.

Heb je niet zo'n grote honger, vraag dan de menukaart van de taverne. Zin in een bordje pasta? Enkel soep met brood? Een fris slaatje? Of in de namiddag trek in een klein wokgerecht? Hier kan alles! In De Gulden Schaduw geen gewone broodjes, maar gegrilde ciabatta's als knipoog naar de Italiaanse keuken. Voor de zoete zin zijn er huisgemaakte pannenkoeken en wafels.

De Gulden Schaduw, Heidekapelstraat 30, 9250 Waasmunster
052 46 99 99, info@deguldenschaduw.com, www.deguldenschaduw.com

Op welk uur van de dag je hier ook aanklopt, je hond is nooit een probleem. Niet in het restaurant en niet in het salongedeelte.

Op welk uur van de dag je hier ook aanklopt, je hond is nooit een probleem.

Het interieur werd uitgevoerd in zandtinten, die her en der in oudroze overlopen en op andere muren neigen naar het warme bruin van melkchocolade. Op een sombere dag is het gezellig tafelen in de opkamer, de serreachtige wintertuin is ideaal voor zonnige momenten. Bijzonder gastvrij zijn de lederen fauteuils, waar drankjes geserveerd worden en stapels kranten en tijdschriften op lezers liggen te wachten. Het is niet ongebruikelijk om hier het aperitief te gebruiken of nog wat na te tafelen.

Het terras van De Gulden Schaduw kijkt uit op de fraaie Heidekapel, waar een beeldengroep met Reinaert als hoofdpersonage waakt over de taverne met de trapgeveltjes.

ANDERE LEUKE RESTAURANTS WAAR JE VIERVOETER WELKOM IS:

Do Brasil - 't Koekoeksnest, Fortenstraat 119, 9250 Waasmunster
052 46 12 53, info@koekoeksnest.be, www.koekoeksnest.be

Brasserie Heidehof, Fortenstraat 111, 9250 Waasmunster
052 46 29 10, info@brasserieheidehof.be, www.brasserieheidehof.be

De mooiste wandelingen met je hond

LINIEWEGELROUTE 8 km

Opvallend aan de Liniewegelroute zijn de ellenlange onverharde en autovrije wegen. Daar kunnen baas en hond flink de pootjes strekken! De wandelroute dankt haar naam aan een militaire verdedigingslijn, die Franse soldaten hier in 1701 aanlegden - compleet met grachten, forten en schansen. Op die manier probeerden de Fransen de Nederlanders op afstand te houden. Vlaanderen was toen immers een Franse provincie en dat wilden ze in Parijs graag zo houden. Van de oorspronkelijke 'Linie' is niets meer terug te vinden. Die werd twee jaar later al met de grond gelijkgemaakt. De Kruiskapel op de route is een beschermd gebouw, samen met de Kapelledreef, de zogenaamde 'kruisput' en de ommegangskapelletjes.
Bijzonder aantrekkelijk is het wandelpad dat langs de Moervaart loopt. Over de brug aan de Moervaart ligt Brasserie 't Keysershof, waar honden enkel op het terras (!) welkom zijn.

ZUIDLEDEROUTE 4,5 km

In 1965 zag Puyenbroeck er anders uit dan nu. In plaats van verharde wegen waren er enkel karrensporen, die het wandelen bemoeilijkten. Vooral na overvloedige regen was er geen doorkomen aan. Er stond welgeteld één huisje in dit gebied, zonder elektriciteit en stromend water. Hier woonde de jachtwachter met zijn gezin tot 1965. De mensenfamilie deelde het terrein met een familie dassen, de laatste burcht in deze regio. De natuur zwaaide de scepter in dit paradijs van vochtige graslanden en hoge bomen. De wandelroute voert je mee naar de wat minder bekende hoekjes van het provinciaal domein Puyenbroeck. Je volgt een stukje de Zuidlede die het domein bevloeit en je stapt verder door het Levend Erfgoedpark. Voorbij de Knuffelhoeve kun je een kleine zijsprong maken naar het Bloemenpark. In Puyenbroeck komen nogal wat hondenbaasjes met hun troeteldier. De ontelbare geurvlaggetjes zullen je hond zeker bekoren.

erner sennenhond

MOLSBROEK-BUYLAERSROUTE 12 km

De ontelbare geurvlaggetjes in Puyenbroeck bekoren elke hond!

In de Durmestreek is het Molsbroek een natuurgebied om u tegen te zeggen. Ook hier heeft het water het laatste woord. Watervogels vinden er rust en ruimte om hun kuikens groot te brengen. 's Winters zakken trekvogels uit het hoge Noorden die voor sneeuw en bittere kou op de vlucht zijn, naar hier af. In het bezoekerscentrum kun je een kijkje nemen achter de schermen van dit natuurgebied én met een drankje genieten van het rustigste terras van de streek. Starten doe je evenwel in Lokeren: vanaf de Markt volg je de parkachtig aangelegde oevers van de Durme die door de stad slingert. Op de autovrije wandeldijk die doorheen het Molsbroek loopt, is het lekker rustig kuieren. Toch dringen de beheerders van deze brok groen erop aan om je hond aan de leiband te houden, om de dieren die hier leven niet te verstoren. Her en der staan kijkhutten om vogels te bespieden. Dus, verrekijker niet vergeten!

Alle brochures zijn te verkrijgen bij Toerisme Waasland, Grote Markt 45, 9100 Sint-Niklaas, 03 760 92 62, info.waasland@oost-vlaanderen.be, www.toerismewaasland.be

Doe-tips in de omgeving

10 PUYENBROECK

Provinciaal Domein Puyenbroeck heeft alles voor wie niet graag stilzit. Behalve een ideaal park om lange wandelingen te maken is er een Levend Erfgoedpark, een Bloemenpark, Kleuterdorp, Waterspeeltuin, Molenmuseum, Verkeerspark, speeltuinen, minigolf en ligweiden om te zonnen en te picknicken. Het domein telt een binnen- en een buitenzwembad. De Vier Seizoenen is een horecacomplex met een gigantisch terras dat uitkijkt op de roeivijver. Je kunt er eten in het zelfbedieningsrestaurant, waar alle honden - groot en klein -welkom zijn.

—

Provinciaal Domein Puyenbroeck, Puyenbrug 1a, 9185 Wachtebeke,
09 342 42 42, puyenbroeck@oostvlaanderen.be, www.toerismewaasland.be

11 VAN LOKEREN NAAR PUYENBROECK

Van de aanlegsteiger Prinses J. Charlottepark in het centrum van Lokeren brengt de Golden River II je naar het Provinciaal Domein Puyenbroeck. Je vertrekt om 9.30 u en via de rustige wateren van de Durme en de Moervaart kom je rond de middag aan op het domein. Na een vrij bezoek vaar je om 15.45 u terug naar Lokeren. Honden zijn welkom aan boord. Gevaren wordt er vanaf 7 juli tot en met 16 september.

—

Informatie en tickets bij:
Toerisme Lokeren, Markt 2, 9160 Lokeren, 09 340 94 74, toeristischedienst@lokeren.be,
www.lokeren.be. Zie ook www.benelux-rederij.com en www.puyenbroeck.be

11

12 Grote zwitserse sennenhond

12 HONDSDOLLE DAG

Elk jaar wordt op de eerste zondag van augustus het kasteelpark van Beervelde omgetoverd in een heus pretpark voor honden. Op de Hondsdolle Dag kunnen honden hun talenten laten zien bij de konijnenjacht (een apporteerspel), de kippenloop (parcours met hindernissen), hondenrennen, ballonwerpen, een flipperkast met ballen en een kruiwagenloop met de hond als passagier. Doorlopend zijn er zwemwedstrijden, een bewegende loopbrug, een hondenveerboot en een wildwaterlift. Daarnaast zijn er talloze demonstraties met hulphonden, reddingshonden, verdedigingshonden, sledehonden, herdershonden en Doggie Dance. Zelfs de lang geleden afgedankte 'trekhond' wordt vanonder het stof gehaald. Er is een winkelstraatje en er zijn ruim voldoende eet- en drinkgelegenheden.

—

Ook tijdens andere evenementen in het kasteelpark (de Tuindagen in mei en oktober, de Plantenruildag) zijn aangelijnde honden welkom.

Hondsdolle Dag, Kasteel van Beervelde, Beervelde-Dorp 75, 9080 Beervelde-Lochristi,
09 356 81 82, info@parkvanbeervelde.com, www.parkvanbeervelde.be

Wonderlijke hondenweetjes

Franse bulldog

! POEDEL OUT, WESTIE IN!

Een halve eeuw geleden smeekten ontelbare kinderen hun ouders om een lassie. De fokkers stortten zich als gekken op de kweek om de vraag naar de hartveroverende Schotse collie te kunnen bijbenen. In de jaren 1990 was de Duitse herder Commissaris Rex de pienterste boevenvanger. Bij elke nieuwe release van het zoveelste hollywoodachtige vervolg op '101 Dalmatiërs' flakkert de verkoop van de zwart-witgevlekte honden weer op. In de French cancanperiode raakte de Franse buldog in de mode, terwijl ontwerpers vonden dat windhonden geboren waren om de vloeiende lijn van de art nouveau te onderstrepen. Voor 1940 was de foxterriër erg populair, na de oorlog deed de piepkleine dobermannpincher zijn intrede.

! DE CATWALK

Toen verschenen er plots poedels in alle maten en kleuren op de catwalk. Hoe kleiner, hoe beter! Bij de Courrèges-mode hoorde het duo Black & White van het gelijknamige whiskymerk. De witte van het stel, officieel de West Highland white terriër, is aan een comeback begonnen dankzij de hondenkaviaar César. Volgelingen van de flowerpower vonden de Afghaanse windhond het einde, maar die werd onttroond door een langharig, werkschuw hondje: de yorkshireterriër. Op dit moment staat de jackrussellterriër in de top drie. Andere podiumplaatsen zijn voor de bordercollie en de golden retriever.

! DAT VERDIENT EEN BLOEMETJE!

Helaas volgde niemand het voorbeeld van diva Brigitte Bardot, die een zwak heeft voor zwervers en rasloze honden ...

Praktische hondentips

Kruising en border collie

ZWEMMEN MOET JE LEREN

Dat alle honden geboren worden met een zwembrevet op zak is een wijdverbreid misverstand. Een hond die niet kan zwemmen, zal 'op z'n hondjes' met de voorpoten watertrappelen. Hij probeert op die manier angstvallig om niet te verdrinken. Een hond die écht zwemt, roeit rustig met zijn poten onder de waterspiegel. Voor honden die de zwemkunst nog moeten leren, is een hondenzwemvest een ideaal hulpmiddel. Het spreekt voor zich dat je je hond NOOIT zomaar pardoes in het water gooit! Een hond leer je, net als een kind, zwemmen met geduld en begrip. Voor een heus hondenzwembad, zie ook het hoofdstuk Kasterlee.

SPORT EN SPEL

Dat je hond het water als prettig beschouwt, is een belangrijke basis. De watergewenning begint met pootjebaden. Het beste is als de baasjes ook in het water zijn en zo hun lieveling kunnen lokken en aanmoedigen. Met behulp van een bal, een stok of een ander speeltje zal je hond het water ervaren als een fantastische speeltuin, waarin hij urenlang kan ravotten. Een veilige tip is dat je je hond nooit laat zwemmen in water waar je zelf niet zou in gaan. Snelstromende rivieren en vervuild water zijn absoluut taboe, ook ijskoud water is sterk af te raden. Let er voor de zwempartij vooral op dat je hond probleemloos weer aan wal kan komen.

Husky

5. Wavre & Waterloo

MET JE HOND OP SCHOOLREIS

Meereizen met de baasjes? Meer moet dat niet zijn!

In België kent iedereen Waterloo van vroegere schoolreisjes. Maar al te vaak liggen die uitstapjes zo ver in het verleden, dat de tijd rijp is voor een vernieuwde kennismaking. Dit beroemde slagveld heeft zoveel te bieden dat je er een hele dag kunt doorbrengen. En ja, waarom zou je je hond niet meenemen? Aan leerrijke uitstapjes heeft hij zeker geen boodschap ... maar meereizen met de baasjes? Meer moet dat niet zijn!

Wavre, de charmante hoofdstad van Waals-Brabant, is groot genoeg om in rond te slenteren en klein genoeg om

niet in te verdwalen. Houd je van een culinaire reis door Europa, richt dan je passen én die van je kleine vriend naar de Rue de la Source.

Op een mooie dag kun je sfeervol picknicken in het park van Solvay in La Hulpe. Daarna lijn je je viervoeter aan voor een ontdekkingsreis in deze grote brok groen. Hier komen erg veel baasjes om hun dier uit te laten. Er staan dus vast en zeker interessante ontmoetingen op jullie programma.

Na een verkwikkende nacht in Le Joli Bois ben je klaar om je stevige schoenen aan te trekken en met je trouwe makker het platteland van deze jonge provincie te gaan verkennen.

Samen met je hond gezond weer op!

HOTEL LE JOLI BOIS

Hotel Le Joli Bois dankt zijn naam aan een gehucht dat tussen Wavre en Waterloo ligt; een rustige villawijk waar het 's nachts zalig stil is.

Dit hotel is twee soorten kamers rijk. Enerzijds zijn er de basiskamers, uitgevoerd in rustige pastelkleuren. Daarnaast zijn er ook enkele kamers die prat mogen gaan op een zee van ruimte. Hier werd gekozen voor een vrij gewaagde inrichting, zoals de 'koloniale kamer' die uitgevoerd werd in warm rood en bruin. Het bedovertrek, de muren, de gordijnen en de sierlijke schemerlampjes werden op elkaar afgestemd in harmoniserende tinten. Een rond

Wij zijn gewoon dol op honden, hoe meer hoe liever!

Hotel Le Joli Bois, Rue Sainte-Anne 59, 1410 Waterloo
02 353 18 18, info@waterloohotel.be, www.hoteljoliebois.be

tafeltje met luie stoeltjes in donker hout bewijst dat je hier niet enkel komt om te slapen.

De badkamer met bad én douche werd uitgevoerd in wit marmer en een dito tegelvloer. Elk van de veertien kamers heeft een eigen badkamer, er is overal televisie, een minibar en gratis internetaansluiting. Er is een private parking voor de gasten en onderdak voor fietsen en motoren.

Patron André: 'Waarom we honden verwelkomen in ons hotel? Omdat we zelf dol zijn op honden, zo simpel is dat. Hoe meer hoe liever zelfs!' De ontbijtruimte heeft de sfeer van een wintertuin, die uitkijkt op de tuin achteraan. Door de vele groene planten en de gele muren lijkt het alsof de zon hier altijd schijnt!

Daarnaast ligt een ruime bar met fauteuils. Pure nostalgie is de Rock-Ola jukebox met oude deuntjes. Vraag zeker ook een demonstratie van de fonograaf die meer dan honderd jaar oud is! Eigenlijk hoef je hier 's avonds de deur niet meer uit voor een slaapmutsje, want André heeft net zo'n gevarieerde keuze als eender welk biercafé. Hij laat zelfs een eigen bier brouwen dat hij 'La Waterlootoise' doopte. Het bier smaakt erg lekker, maar opgelet voor het addertje onder het gras - het heeft een alcoholgehalte van 8°!

VOOR EEN 2de WEEKEND:
ANDERE LOGIESMOGELIJKHEDEN IN DE BUURT, WAAR JE VIERVOETER WELKOM IS

Best Western Wavre Hotel, Rue de Manil 91, 1300 Wavre
010 24 33 34, www.bestwestern.be

Hotel Panorama, Hengstenberg 77, 3090 Overijse
02 687 71 98, hotel.panorama@scarlet.be, www.hotelpanorama.be

Hondvriendelijkheid als rode draad

RUE DE LA SOURCE IN WAVRE

Wat de Rue des Bouchers is voor Brussel, is de Rue de la Source en de Ruelle Jour et Nuits voor Wavre. Beide straatjes zijn te bereiken via de belangrijkste winkelstraat en vormen een waar paradijs voor smulpapen. Tussen de eethuizen kregen trendy winkeltjes een plaats. Behalve voor twee voetgangers en hun viervoeter is hier net voldoende plaats om enkele tafeltjes buiten te zetten, al dan niet onder een parasol.

De smalle straatjes nodigen uit tot flaneren langs de menu's en al watertandend je keuze te bepalen. Elke zaak biedt een andere keuken aan. Hier kun je letterlijk reizen in je bord van Spanje over Italië naar Frankrijk én terug naar België.

Een rode draad die alle zaken met elkaar verbindt, is de hondvriendelijkheid van de uitbaters.

Véronique van L'Olivier - die zelf twee honden houdt - verwoordt het zo: 'Als we klanten over de vloer krijgen met een hond, dan smeedt dat meteen een band met de andere gasten. Zeker als het dier braafjes en welopgevoed onder de tafel ligt, breekt hij het ijs tussen onbekenden.'

L'Olivier, Le Serpolet, Le Bateau Ivre, La Figuière, Côté Sud, Ma Belle Histoire, Taverna Espana, L'Estaminet vind je allemaal in de Rue de la Source in Wavre.

Een hond die braafjes onder tafel ligt, breekt het ijs tussen onbekenden.

Le Serpolet pronkt met zuiderse kleuren, warm geel en oranje. Het terras staat hier niet op de keien, maar in een groen tuintje afgesloten door een hekken. De keuken is geïnspireerd op de Provence, met het seizoenaanbod van de Belgische markt. Buurman Le Bateau Ivre heeft achterin een trendy tuin. La Figuière valt op door een inrichting die herinnert aan een knusse bibliotheek, compleet met boekenkasten en brokante snuisterijen. Dit restaurant heeft het grootste terras van de straat. Ertegenover ligt L'Olivier met een open keuken en een chef die inspiratie vindt in Italië. Het terras buiten is groter dan het restaurant binnen. Wil je enkel iets drinken dan kun je op het einde van de straat terecht bij de patron van L'Estaminet en zijn basset Cassis.

ANDERE LEUKE RESTAURANTS IN DE BUURT, WAAR JE VIERVOETER WELKOM IS:

Basserie Les Six Colonnes, Chaussée de Bruxelles 389, 1410 Waterloo

02 351 59 29, www.sixcolonnes.be

Restauration Taverne de l'Homme Bleu, Ferme du Château de La Hulpe, Drève de la Ramée, 1310 La Hulpe, 02 654 00 59

De mooiste wandelingen met je hond

WANDELING VAN GAILLEMARDE 5,5 km

De aardeweg bij het begin van de wandelroute veert al meteen lekker mee onder je stapschoenen. En onder de zoolkussentjes van je hond – zijn 'schokdempers' bij wijze van spreken – ook natuurlijk! Je stapt hier langs een uithoek van het Zonienwoud, een restje Kolenwoud in het land. Dit betekent echter niet dat je de hele tijd tussen de bomen moet laveren. Er zijn ook mooie open plekken zoals de Fond des Ails. Onderweg krijg je nog een fraai uitzicht op het gehucht Gaillemarde. In de prehistorie werd deze plaats al bewoond, dichter bij onze tijdrekening werkten en woonden hier kolenbranders. Een van de meest mysterieuze plekken van het woud is ongetwijfeld Fosse à t'choudère. De beuken hier vlochten hun wortels tussen de stenen door. Omdat hier vroeger ijzererts werd ontgonnen, resulteerde dit in een bijzonder stukje natuur.

CIRCUIT DU PATRIMOINE N°3 8 of 12 km

Je bent niet moe? En je viervoeter ook niet? Dan brei je aan je tocht nog een lus van 4 km!

Ferme Wieme is beslist het oudste gebouw dat je op de wandeling kunt zien. Deze boerderij bestond al in de 11de eeuw. Het huidige woonhuis werd ondergebracht in de vroegere stallingen. Voorbij het laatste woonhuis van het dorpje Dion-le-Mont volg je een pad langs een beekje. Het stroompje luistert naar de grappige naam 'Pisselet'.

Een onverhard pad leidt je naar de Moulin d'Inchebroux, een oude watermolen die dienstdeed van 1883 tot 1950. In het gehuchtje Bonlez volg je de mooie weg 'Sentier du Pont de Haute Bonlez'.

Op het kruispunt voorbij de Ferme de l'Herbe kun je terugkeren naar het startpunt. Ben je nog niet moe? En je viervoeter ook niet? Dan kun je aan de tocht nog een lus breien van 4 km.

olden retriever

CIRCUIT DU PATRIMOINE N°4 13 km

Je wagen kun je kwijt op de parking van de kerk van Gistoux. Daar lijn je je hond aan, je gespt een rugzakje om met een hapje en een drankje voor onderweg en jullie zijn klaar om de tanden te zetten in een wandeling die ongeveer vier uur zal duren.
Je laat het dorp al snel achter je en stapt langs 'La Brûlotte', een domein waar damherten en schapen gekweekt worden. Voorbij een landelijke weg kom je bij de Moulin du Bloquia, die van oorsprong teruggaat tot de 11de eeuw ... Iets verder loop je langs een meertje en daarna in de vallei van de Ry des Papeteries.
Op je weg wandel je nog voorbij de archeologische site 'des Bruyères', die dateert van 2500 jaar voor onze tijdrekening. Aan de hand van resten van aardewerk konden archeologen de plek dateren. Ook opmerkelijk is de Pisciculture Collette, waar sinds jaar en dag forellen gekweekt worden. Voorbij de Ferme d' l'Herbe nader je stilaan het eindpunt in Gistoux.

De wandelkaart La Hulpe is te koop bij Maison du Tourisme, Chaussée de Bruxelles 218, 1410 Waterloo, 02 352 09 10, info@waterloo-tourisme.be, www.waterloo-tourisme.be
Het wandelboekje '4 circuits de découverte du patrimoine de la commune de Chaumont-Gistoux' is te koop bij de Dienst Toerisme Wavre, Rue de Nivelles 1, Wavre,
010 23 03 52, syndicat.initiative.wavre@publilink.be, www.mtab.be

Doe-tips in de omgeving

13 WATERLOO

Picknicken in het park met een extra hapje voor je hond.

Hoe de Slag van Waterloo afliep, hoeft niet meer gezegd te worden. Voor de Franse keizer ging de laatste verre reis – bij leven en welzijn – richting Sint-Helena, een onherbergzaam eiland in het midden van een onmetelijke oceaan, om een ontsnapping helemaal uit te sluiten.

Als je de vroegere geschiedenislessen nog even wilt opfrissen, dan is de Chaussée de Charleroi de aangewezen plek. In de brochure 'Het Slagveld van Waterloo Stap voor Stap' krijg je een beknopt overzicht van de gebeurtenissen en kun je alle zeventien locaties bezoeken.

Wil je de Leeuwenheuvel beklimmen, laat dan iemand beneden wachten met je hond. Trappenlopen is erg belastend voor de rug van je dier – zeker als het er zoveel zijn.

—

De brochure is (ook in het Nederlands) te verkrijgen bij de **Dienst Toerisme van Waterloo**, Chaussée de Bruxelles 149, Waterloo, ✆ 02 354 99 10.

In de diverse musea is je hond niet welkom.

14 DOMEIN SOLVAY

Op zomerdagen is Domaine de Solvay een onweerstaanbare uitnodiging om te niksen. Het park is meer dan groot genoeg om rond te slenteren met je hond of te luieren op het terras van de taverne. Niemand verbiedt je een deken mee te nemen om te picknicken op het gras. Wil je je hond niet alleen laten watertanden, pak dan ook een smakelijk hapje in voor hem.

Een vrij nieuwe blikvanger hier is de Fondation Folon. De Belgische kunstenaar Folon droeg het park een warm hart toe. Als kind noemde hij het 'de tuin met de

14

15

1000 rododendrons'. Jean-Michel Folon was een kunstenaar van wereldformaat. Hij exposeerde zowel in het Metropolitan Museum of Modern Art in New York als in het Museo Gaudi in Madrid. Enkele werken sieren de binnenplaats van de oude hoeve, een deel van zijn collectie is te bewonderen in de hoeve. Of zoals Folon het zelf zei: 'Ontdek het vijfde seizoen: dat van de verbeelding en de poëzie.'

—

Ferme du Château de La Hulpe, Drève de la Ramée, 1310 La Hulpe,
02 653 34 56, fondation.folon@skynet.be, www.fondationfolon.be
Je hond is welkom in het domein.

15 VILLERS-LA-VILLE

Om een abdij te bouwen heb je stenen nodig en water. De Thyle, een arm van de Dijle, voorzag de monniken van water. Rotswanden leverden voldoende bouwmateriaal om een gigantisch monument te laten verrijzen. Toch was het leven in deze abdij weinig comfortabel. Slechts in één ruimte werd er vuur gestookt. Die plaats heette heel toepasselijk 'de verwarmde kamer'. Het einde van Villers is klassiek: de Franse Revolutie denderde langs en verjoeg alles en iedereen in een pij. Iets later werden de gebouwen vakkundig gesloopt en werd het domein door een spoorverbinding doormidden gesneden. Nu rest er enkel nog een ruïne, maar wel een om duimen en vingers bij af te likken. Romantici voelen zich ongetwijfeld thuis tussen de met klimop begroeide muren, het is zalig kuieren tussen de resten van de abdijkerk en de overige gebouwen.

—

Abbaye de Villers-la-Ville, 1495 Villers-la-Ville,
071 88 09 80, abbaye@villers.be, www.villers.be
Op het domein is je hond welkom.

Wonderlijke hondenweetjes

! EEN WOLF ALS BESTE VRIEND

Of je nu een dog neemt of een yorkshireterriër, je haalt hoe dan ook een afstammeling van de wolf in huis. Voor sommige hondenrassen lijkt die vergelijking vergezocht, maar 'Canis lupus' zit nog steeds in de architectuur van elk stel hondenhersenen opgeslagen.

Onderzoek heeft uitgewezen dat mens en hond al zo'n slordige 100.000 jaar samen optrekken. Voor de mensen uit het stenen tijdperk was zo'n viervoeter in de buurt pure noodzaak. Die andere 'alleseter' rook, zag en hoorde immers veel beter dan zijzelf. Een en ander leidde uiteindelijk tot meer dan vierhonderd hondenrassen van 'Canis familiaris': van de 12 cm hoge chihuahua tot een rots in de branding als de sint-bernardshond die makkelijk 70 kg op de weegschaal zet.

! BIEFSTUK ALLEEN IS NIET GENOEG VOOR JE HOND

Katten zijn vleeseters pur sang, honden zijn alleseters, net als de mens. Niet alleen rauw vlees, maar ook planten en bessen worden goed verteerd. Die zijn ook broodnodig voor de dagelijkse portie vitaminen en mineralen. Elk van deze diersoorten heeft een gebit én een spijsvertering die aangepast is aan het natuurlijke menu. Een goede vuistregel daarbij is dat een hond wel kant-en-klare kattenvoeding mag eten, maar omgekeerd is absoluut af te raden.

! VAN SCHOENPOETSER TOT MILJONAIR: DE YORKSHIRETERRIËR

Er was eens een klein hondje dat in Yorkshire gekweekt werd als 'arme-lui-hond', omdat hij inwoonde bij de kroostrijke gezinnen van de fabrieksarbeiders. De pupjes werden geworpen in de kolenkist en in ruil voor tafelrestjes hield hij het rattenbestand in huis en tuin binnen de perken. Een dwergje om te zien, maar wel eentje met de moed van een leeuw(in)! Weinig mensen zullen hierin de yorkshireterriër herkennen, want in de loop der tijden heeft hij het van onder aan de ladder tot luxehondje geschopt. Van een carrière gesproken ...

Praktische hondentips

SCHOOTHONDJES REIZEN GRATIS

Voor al het openbaar vervoer in België geldt het volgende: een kleine hond reist gratis mee. Hij moet dan wel op schoot zitten, al dan niet in een reismandje. Honden die te groot zijn om op je schoot te parkeren, nemen een zit- of staanplaats in. Voor hen betaal je een apart vervoersbewijs mét korting. In alle omstandigheden geldt dat je dier aangelijnd blijft en de andere passagiers niet hindert. In luxetreinen en autocars is je huisdier zelden welkom aan boord. Informatie over andere landen krijg je (in het Nederlands) op www.dogsincluded.be.

Golden retriever

PASSAPORTE, POR FAVOR!

In België en de landen van de Europese Unie moet elke hondenbaas over een geldig EU-paspoort voor zijn dier beschikken. Ook wettelijk verplicht is de 'elektronische transponder', in de wandelgangen 'chip' genoemd. Die wordt door de dierenarts met een injectienaald ingebracht onder de linkerschouder. Een tatoeage ter identificatie mag ook, maar die kan mettertijd vervagen.

OPGEPAST: JACHT!

In de herfst wordt er in Wallonië vaak gejaagd. De jagers zijn wettelijk verplicht op het terrein duidelijk zichtbaar aan te geven op welke dagen er gejaagd wordt. Als hondenbaas kun je die waarschuwingen maar beter ernstig nemen, want de jagers hebben de wet aan hun kant. Bovendien wordt er op reetjes en edelherten geschoten met kogels die makkelijk een mens kunnen omleggen.

6. Kasterlee

DE ARME RIJKE KEMPEN VERWELKOMEN BAAS ÉN HOND

Ideaal om met je hond kilometers door hei en duin te trekken.

In de Kempen was het niet goed boeren in vroeger tijden. De keuterboertjes moesten zich op hun zandgronden tevredenstellen met wat rogge en boekweit. Schapen weiden lukte ook nog wel en voor de rest gedijden hier enkel naaldbomen. Het gevolg van die arme gronden van toen is dat de Kempen nu honderden hectaren bos rijk is. Een ideaal gebied ook om met je hond kilometerslang heide en duinen te verkennen.

Boek je een kamer in hotel Fauwater, dan hoef je maar de straat over te steken voor de start van de wandelroute 'Hoge

Mouw'. De wandelgids 'Kempense Heuvelrug' heeft hoe dan ook voldoende kilometers in petto om mens en dier gezond moe te maken. Nog mooie routes zijn 'Heemerf De Waaiberg' en 'Heidebloem'.

Op een boogscheut van het hotel vind je Den Bockereyder, een brasserie-bistro-grill waar je meer dan welkom bent met je huisvriend. De deur van Corine staat altijd wijd open, voor een kop koffie 's ochtends tot een borreltje na het laatste rondje. Logeer je in Turnhout, dan is er de markt met zijn uitnodigende terrasjes. Wil je niet terug naar huis zonder een portie cultuur, laat je dan verrassen door het Speelkaartenmuseum.

Kamers voor zes personen én een hond

HOTEL FAUWATER

Als je hotel Fauwater binnenwandelt, kom je meteen in de uitnodigende lounge die knus bemeubeld werd. Hier inviteren comfortabele zetels je om te genieten van de Kempense dennenbossen aan de overkant van de straat. Deze overdekte salon met de gigantische ramen ligt op het zuiden, waardoor de planten er net zo weelderig gedijen als in een subtropische serre. Het plafond werd beslagen met koper waarin je jezelf kunt spiegelen. Heb je trek in leesvoer, dan liggen er stapels tijdschriften op je te wachten. Je kunt hier een drankje bestellen aan de bar, maar je bent niet verplicht iets te drinken.

De volgende ruimte heeft de afmetingen van een kleine zaal, met tafels en stoelen in een aantrekkelijke Louis Philippestijl. De muziekboeken op de diepglanzende vleugelpiano bewijzen dat het royaal bemeten instrument er niet enkel voor de show staat.

Vanaf hier kun je naar de hotelkamers op de bovenverdieping. De troef van hotel Fauwater is dat je er diverse

Hotel & Chaletpark Fauwater, Lichtaartsebaan 104, 2460 Kasterlee
014 85 24 42, info@fauwater.be, www.fauwater.be

Honden welkom, maar niet in het zwembad

soorten kamers kunt boeken. Er zijn zelfs gezinskamers die zes personen (én een hond) kunnen herbergen.

Vanuit de bar kun je ook de weg volgen naar buiten. Dan kom je eerst uit bij een zwembad in openlucht, mét duikplank, gekleurd in fris wit en blauw. Voor de kleintjes werd er een apart pierenbad voorzien. Dit is trouwens de enige plek waar de hond niet in kan. Voor de rest is hij (behalve in de ontbijtzaal met het kamerbreed tapijt) overal welkom. Chantal: 'Bij ons logeren hondengezinnen die de voorkeur geven aan lange tochten, waarbij we altijd waarschuwen dat viervoeters niet gewenst zijn in het natuurgebied De Hoge Rielen. Voor de rest kun je in deze streek gaan en staan waar je wilt met je hond. Maar, hier logeren ook andere hondenbaasjes, zij die met hun hond meedingen in hondenshows.'

Buiten houdt hotel Fauwater nog een slag om de arm, want er is een recreatieruimte die ter beschikking staat van de hotelgasten. Hier kun je tapbiljarten, je kunt er tafeltennis of darts spelen, er staat een voetbalspel en een Franse en Amerikaanse poolbiljart.

VOOR EEN 2de WEEKEND:
ANDERE LOGIESMOGELIJKHEDEN IN DE BUURT, WAAR JE VIERVOETER WELKOM IS

Hotel-restaurant-brasserie Den en Heuvel, Geelsebaan 72, 2460 Kasterlee
014 85 04 97, info@denenheuvel.be, www.denenheuvel.be

Hotel Ter Driezen, Herentalsstraat 18, 2300 Turnhout
014 41 87 57, terdriezen@yahoo.com, www.ter-driezen.be

Waar bewaart Corine de hondenkoekjes?

BISTRO-BRASSERIE-GRILL DEN BOCKEREYDER

Hond welkom!

Aan de gevel van de Kempische hoeve kun je al zien waar Den Bockereyder voor staat. De Nederlandse Corine: ‘Wij wilden écht een zaak die wortelt in de Kempen. Wij komen zelf uit de streek van de Efteling. Dat én de legende van de bokkenrijders was de link naar ons interieur.’ Ook binnen zet de sprookjesachtige sfeer zich voort: opzettelijk afbladderend pleisterwerk, de muurfresco’s die volkse figuren eren en de houten bokkenkoppen zetten je fantasie over dit duistere verleden aan het werk. Je kunt hier dineren bij het openhaardvuur of in een van de

> Te gekke hondenverhalen bij de koffie.

Bistro-brasserie Den Bockereyder, Lichtaartsebaan 96, 2460 Kasterlee
☏ 014 85 36 49, ✉ info@denbockereyder.com, 💻 www.denbockereyder.com

romantische nissen met doorkijkjes. Corine was vroeger dressuurrijdster. 'Geurt en ik hadden een manege met 35 paarden. Wij hielden zelf vijf honden en onze vaste klanten brachten ook vaak hun hond mee. Ach, er kon er altijd wel nog eentje bij.' Nu heeft het echtpaar nog drie honden. 'Ik ben gek op dieren, dat is reden genoeg om je "hondvriendelijk" op te stellen. De honden van onze gasten krijgen naast een bak fris water ook gedroogd stokbrood als koekje. Net zoals ik de voornaam weet van onze gasten, ken ik de naam van alle honden die geregeld bij ons komen. En reken maar dat zij mij ook kennen – en mijn hondenkoekjes natuurlijk! Zelfs een hond die maar één keer kwam, weet exact de plek waar ik die bewaar.' De wijnkelder werd door Geurt verbouwd tot 'speelkelder'. 'Dan kunnen de kinderen zich amuseren in plaats van te zeuren over naar huis gaan.'

In Den Bockereyder kun je geregeld aan een 'Moorddiner' deelnemen. 'Wij nemen bekende Vlamingen als personages. Je belandt in een verhaal en gaandeweg kom je allerlei belangrijke en minder belangrijke dingen aan de weet. En je "ziet" de moord ook gebeuren.' De bedoeling is dat je die moord oplost tijdens het diner. Dat zorgt natuurlijk voor gespreksstof tussen de diverse tafeltjes. Praat je graag over honden, dan zit je bij Corine zeker aan het goede adres. Deze dame zit boordevol té gekke verhalen over dieren!

ANDERE LEUKE EN HONDVRIENDELIJKE RESTAURANTS IN DE BUURT:

Taverne Aan de Molen, Doornboom 2, 2460 Kasterlee
☏ 014 85 04 23, ✉ info@aandemolen.be, 💻 www.aandemolen.be

Restaurant-snack Pergola, Geelsebaan 29, 2460 Kasterlee
☏ 014 85 27 18, ✉ restaurantpergola@skynet.be, 💻 www.restaurantpergola.be

De mooiste wandelingen met je hond

DE HOGE MOUW 6,5 km

Letterlijk fantastisch op de wandelroute is de Kabouterberg. Op deze heuvel steken de wortels van de naaldbomen zo ver boven de grond uit, dat het lijkt alsof de stammen op hun tenen staan. In de vakantiemaanden wacht hier elke namiddag een vertelster op kinderen die nog in kaboutertjes geloven. De kleintjes maken een tochtje door het bos en vanzelfsprekend zijn papa en mama met hun hond welkom om mee te stappen.
De Hoge Mouw, waar de wandeling naar vernoemd werd, is met zijn 35 m een van de hoogste landduinen in de streek. Mouw is een verbastering van 'moude' wat mul zand betekent. Veel asfalt krijgen de hondenpoten hier niet te verwerken.
De Kempen spraken altijd al tot de fantasie van de mensen, getuige de 'Duivelskuil'. Voor de Kempenaren van weleer was deze plek niet te vertrouwen. Zelfs tot in de 20ste eeuw werden er nog varkenspoten in de ondiepe kuil gegooid om de kwade hand en andere onheilspellende gebeurtenissen te weren.

HEEMERF DE WAAIBERG 10,1 km

De heuvel die het hart vormt van de Kasterleese Kabouterberg wordt bekroond door de fraaie Keesesmolen. Vlakbij ligt Heemerf De Waaiberg, een soort Bokrijk van de Kempen. Het openluchtmuseum is een woonstalhuis rijk, een bakhuisje, karrenkot, houtopslag, bijenhal en een waterput met een galg. Helaas is het mooi gerestaureerde geheel alleen open op elke tweede zondagnamiddag van de maand. Jammer! Wel vind je hier Taverne Aan de Molen, waar honden in alle maten en kleuren welkom zijn. Voor de kinderen is er een speeltuin en voor de liefhebbers een minigolf. Genieters zullen zich liever verdiepen in de uitgebreide kaart.
Ook deze wandelroute bestaat grotendeels uit onverharde wegen. Je stapt langs de oevers van de Nete, langs de Watermolen van Houtem en zo beland je ten slotte in Stokket. Dit was ooit een uitgestrekte heidevlakte, die later beplant werd met dennenbomen en loofhout.

HEIDEBLOEM 9 km

Veel asfalt krijgen de hondenpoten hier niet te verwerken.

Pakweg duizend jaar geleden werd deze streek bevolkt door groepjes boerenmensen die in piepkleine gehuchten woonden. Een daarvan was Schoonbroek, waar de wandelroute start. Met de aanleg van een kasseiweg in 1850 was het plaatsje plots veel minder van de wereld afgesneden dan alle voorgaande eeuwen.
De 'broek' van Schoonbroek heeft overigens niets met een kledingstuk te maken. Broek betekent hier 'laaggelegen en vochtig weiland' en daar had Schoonbroek er nogal wat van.
Je maakt een flinke mars langs akkers en weilanden met vooral maïs en aardappelen. De route loopt ook door een natuurgebied. Hier stappen baasje en hond meestal op verharde landbouwwegen, maar over snelverkeer hoef je je zeker niet druk te maken. Je telt onderweg beslist meer koeien en paarden dan auto's!

De wandelgids 'Kempense Heuvelrug' is te koop bij **Toerisme Kasterlee**, Markt 13, 2460 Kasterlee, 014 84 85 19, toerisme@kasterlee.be, www.toerisme-kasterlee.be

Doe-tips in de omgeving

16 HET SCHEDELHOF

Ken je die van die muis en die olifant? Neen? Dan is Het Schedelhof warm aanbevolen, want Ward Geldof heeft honderden dierenschedels in zijn collectie. Van de dikhuid tot en met de spitsmuis – dieren uit alle uithoeken van de wereld laten hier hun binnenwerk zien. Ook onbekende soorten zoals de witlippekari, de *paca*, de sitatoenga, de *chaco*. Het imposante skelet van een boa constrictor, inclusief alle 540 ribben, kun je bewonderen in dit museum. Ook al zie je hier enkel dode dieren, toch is Het Schedelhof allerminst griezelig. Het is niet moeilijk om de verzamelaar aan de praat te krijgen over zijn passie. De man zit boordevol ijzersterke verhalen over hoe een en ander in zijn bezit kwam. Honden, die schedels alleen zien als gigantische botten om op te kauwen, zijn niet toegelaten.

Het Schedelhof, Bertheide 12, 2200 Morkhoven (nabij Herentals)
014 26 18 13, www.toerismeherentals.be

17 BOBBEJAANLAND IS OOK LIEF VOOR HONDEN

Moet Bobbejaanland eigenlijk nog voorgesteld worden? Ja, want baasjes én hun hond zijn hier welkom! Niet op de toestellen, maar het terrein van het pretpark vormt geen probleem. Elk jaar zijn er ook nieuwe attracties. Zo kun je hier nu een 4D-theater bezoeken, waar een spookverhaal zo gebracht wordt als zat je er middenin. Als je naar hier afzakt, bezoek dan zeker het Indianenmuseum, een minder bekend facet van 'was elk land maar zo plezant' - zoals het pretpark zichzelf noemt. De collectie telt originele kleding, wapens, hoofdtooien, huisraad en kunstwerken, unieke stukken die door de zingende Vlaamse cowboy Bobbejaan eigenhandig naar hier werden gebracht. Je gelooft je ogen niet!

Bobbejaanland, Olensteenweg 45, 2460 Kasterlee
014 55 78 11, info@bobbejaanland.be, www.bobbejaanland.be

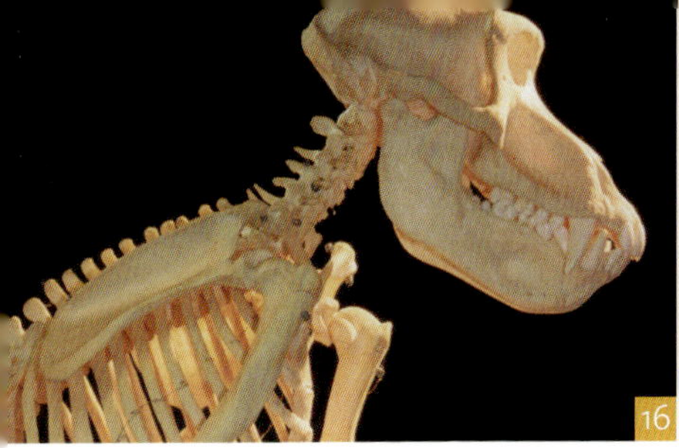

16 | 18

18 TURNHOUTS TRIO

• Turnhout draagt de eervolle titel van 'wereldcentrum van de speelkaart'. De kaarten waarmee fortuinen gewonnen of verspeeld werden, tonen dat het spel van alle tijden en alle windstreken is.

—

Nationaal Museum van de Speelkaart, Druivenstraat 18, ☎ 014 41 56 41

Honden niet toegelaten.

• Het Begijnhofmuseum en de bijbehorende 'vrouwenstad-in-de-stad' is een juweeltje. Het samenleven van dames die geen non waren, maar ook geen man hadden, is een typisch Vlaams begrip. Over de gemeenschap die het hof bevolkte worden hier al je vragen beantwoord.

—

Begijnhofmuseum, Begijnhof 18, ☎ 014 42 12 48

In het begijnhof is je troetelbeest welkom, maar niet in het museum.

• Het Taxandriamuseum neemt je mee op een reis van de steentijd tot het heden van de Kempen. Het verhaal krijgt leven ingeblazen door vondsten, gebruiken, munten, kant- en kunstwerken... Het 'Huis metten Thoren' uit 1578 is een gedroomde locatie.

—

Taxandriamuseum, Begijnenstraat 28, ☎ 014 43 63 35

Honden niet toegelaten.

Bobbejaanland kiest resoluut voor 'alle honden welkom'!

Wonderlijke hondenweetjes

! SCHOOTHONDJES VOOR KONINGINNEN EN FIRST DOGS IN HET WITTE HUIS

De Engelse koningin Victoria (1819-1901) was wég van dwergkeeshondjes. Ook al werden die rond 1800 algemeen afgedaan als 'huishonden van weinig waarde, druk, ruziezoekerig, laf, eigenwijs, geniepig en knorrig'. Bij zo'n uitspraak hoort minstens een dozijn vraagtekens te staan. De huidige Queen gaat liever zonder hoed de deur uit, dan zonder haar Welshe corgi, het favoriete hondenras van de Britse vorstin. George Bush, de vader van de huidige president van Amerika, bracht zijn cockerspaniël Millie mee naar het Witte Huis. Deze First Dog 'schreef' in 1992 haar eigen verhaal en publiceerde het ook. Het boek bracht de hond 25 miljoen dollar op – vier keer het jaarsalaris van haar baasje. Van Bill Clinton, die zijn chocoladebruine labrador Buddy doopte, stamt de gevleugelde uitspraak: 'Wil je in Washington een vriend, neem dan een hond.'

! MENSEN REDDEN IS EEN HONDENBAAN

Bij de aanslagen van 11 september 2001 werden ruim tweehonderd reddingshonden ingezet. Drie ervan lieten tijdens het werk het leven. Voor het verzorgen van de vele gewonde honden werd ter plekke een speciale ziekenboeg opgericht. Laarsjes beschermden de poten tegen de tonnen glassplinters. De door stof geteisterde ogen en neuzen werden om de haverklap met water gereinigd.

Een bedrijf uit Kansas City liet 25.000 kilo hondenvoer naar New York brengen en schonk 40.000 dollar om de reddingsteams te steunen.

Praktische hondentips

VRIEND OF VIJAND

Berner sennenhond & golden retriever

Honden weten altijd meteen of ze elkaar aardig vinden. Een eerste contact volgt welbepaalde regels. Als ze neus-aan-neus staan, wordt er gesnuffeld. Daarna krijgen de kontjes een 'beurt' – hier ruikt het erg interessant. Kenners noemen dit het 'anaalgezicht'. Daar liggen de geurklieren, die een non-verbale boodschap geven over geslacht, gezondheid en leeftijd. Elkeen weet ook of de ander een stoere of wat bangelijk is. Er wordt vriendelijk met de staarten gekwispeld. Wie het eerst zijn staart laat zakken, geeft ruiterlijk toe dat de andere sterker is. Trek je je hond weg van contact met een andere hond, dan lijdt hij 'gezichtsverlies'. Een frustrerend gevoel voor je beste vriend!

VEILIGE HONDENZWEMLES IN DE KLAVERHOEVE

Wil je je hond op een veilige manier leren zwemmen, dan is De Klaverhoeve in Arendonk het adres dat je zoekt. André Verschueren heeft er twee overdekte zwembaden, die hij bouwde om het gestel van zijn Berner sennenhonden te stimuleren. Voor rassen die erg groot worden, is zwemmen dé manier om in hun jeugd de gewrichten te sparen.
Een en ander leidde ertoe dat André zich ontpopte tot zwemleraar voor alle honden. Hier krijgt je hond een zwemvest om en blijft hij aan de leiband tot hij de kunst onder de knie heeft.
Om te revalideren na een operatie aan het skelet is zwemmen perfect geschikt. Voor een optimaal herstel heeft het water een temperatuur van 27 graden. Natuurlijk wordt het bad ook bacterieel in orde gehouden.

Golden retriever

7. Het Hageland

HAGELAND HONDENLAND?

Waar beroemde rocksterren concerteren, laat jij 's avonds je hond een plasje doen.

Els van Hotel Werchter windt er geen doekjes om: 'Tijdens het Werchterse festival dat ons dorpje in 1974 op de kaart van Europa zette, kun je bij ons géén bed krijgen. In dat weekend zijn alle kamers maanden vooraf volgeboekt.'

De rest van het jaar zijn zowel Werchter als Sint-Pieters-Rode ingeslapen plaatsjes die elkeen die met zijn hond rust en ruimte zoekt, zullen bekoren. Streekgasthof Het Wagenhuis, naast de waterburcht van Rode, staat bekend om zijn gastvrijheid. Voor baasjes én honden! Dat je hier lekker eet,

zowel met een grote als een kleine honger, is een pluspunt. Heb je bij het wandelen veel brandstof verbruikt, trakteer dan jezelf op een vieruurtje. Je zoekt - naargelang het weer - een tafeltje op het grote terras of onder de hanenbalken van het oude koetshuis.

Als je in Werchter logeert, kun je voor het slapengaan je hond uitlaten op de weide waar eens per jaar elektrische gitaren de natuur overstemmen. Het is dus niet moeilijk te raden waar de Rockweidewandeling je naartoe brengt. Maar op deze tocht stap je ook op de autovrije dijk die de meanderende Dijle volgt. Beide andere lussen starten aan het ridderkasteel van Horst - dat moet je gewoon gezien hebben.

Hond welkom!

Het Wagenhuis, honden in plaats van karossen

HET WAGENHUIS

Het Wagenhuis en de waterburcht van Horst vormen een onlosmakelijk duo sinds 1650. Want wie in een kasteel woonde, hield er koetsen op na en die moesten natuurlijk beschermd worden tegen weer en wind. Een garage avant la lettre, zeg maar.

Het eerste wat elke gast doet bij het binnenkomen van Het Wagenhuis, is het hoofd in de nek leggen. Het fantastische houten dakgebinte wekt bewondering voor het vakmanschap van de timmerlui van weleer. Het voormalige wagenhuis werd duidelijk opgetrokken voor de eeuwigheid.

Als knipoog naar het eeuwenoude bouwwerk hangt er hier en daar een (pluchen) vleermuis aan de balken. En raad eens wie in een speciale nis een magnum champagne bewaakt? De griezel in kwestie (ook pluche!) heeft acht pootjes ...

Het kasteel van Horst is – althans volgens striptekenaar Willy Vandersteen – de bakermat van Johan, de Rode Ridder. Het spreekt dan ook voor zich dat een harnas hier niet ontbreekt. Bij een romantische locatie horen aan-

Streekgasthof Het Wagenhuis, Horststraat 28, 3220 Holsbeek
016 62 35 84, wagenhuishorst@skynet.be, www.traiteurdienst-horst.be

gepaste spijzen. Prikkelt 'Riddersloep gevuld met jonkvrouwsluiertjes' je fantasie? Proef je liever een typisch gerecht uit de riddertijd, dan kies je voor 'Carrousel van Mechelse koekoek met morieljes en stiltonsaus'.

'Als we honden weigeren, hoe reageren we dan op wandelaars met stapschoenen of rubberlaarzen?'

Chef Bart Claes is erg trots op zijn Kasteelbrunch, elke zondag van 11 tot 15 u. Als gast eet je je voor een zachte prijs te pletter aan vlees, vis, beleg, groenten, fruit, zoet, hartig ... Om de laatste gaatjes te vullen wacht er een dessertenbuffet waarover je nog lang kunt natafelen.

Dat honden welkom zijn in Het Wagenhuis is voor Bart een vanzelfsprekendheid. 'Wij krijgen veel gezinnen met een hond over de vloer. Ligt er wat opgedroogd slijk van de hondenpoten op de vloer? Daar maken wij geen woorden aan vuil. Een van de medewerkers neemt een borstel en veegt het weg – zo simpel is dat. Mochten we om die reden honden weigeren, wat zeggen we dan tegen wandelaars met stapschoenen of rubberlaarzen?'

VOOR EEN 2de WEEKEND:
ANDERE LOGIESMOGELIJKHEDEN IN DE BUURT, WAAR JE VIERVOETER WELKOM IS

Hotel-Taverne In Den Hoek, Leuvensesteenweg 69, 3390 Sint-Joris-Winge
016 63 01 47, indenhoek@busmail.net, users.belgacombusiness.net/indenhoek

Jos Theys Eet- en Kijkboerderij, Sluisbeekstraat 9, 3220 Kortrijk-Dutsel
016 62 35 25, boerderij@jostheys.be, www.jostheys.be (doorklikken naar 'Nieuws')

Honden te gast in het oude doktershuis

HOTEL WERCHTER

‘In de horeca werk je altijd als anderen op stap gaan. Maar dat betekent niet dat wijzelf het uitgaan moe zijn. Wel kies ik altijd voor een zaak waar mijn hond mee kan. Vandaar dat honden ook bij mij geen enkel probleem zijn’, aldus Els van Hotel Werchter. De hond van Els en Marc is een kruising tussen een boxer en een zwarte labrador. Geen pocketmodel dus. ‘Onze hond komt altijd even kennismaken, ook hij stelt zich “hondvriendelijk” op.’

Alle viervoeters worden kwispelstaartend begroet door de hond des huizes.

Het hotel is gevestigd in een dokterswoning uit 1924. Misschien had ‘Meneer Doktoor’ een groot gezin of stelde hij prijs op veel

Hotel Werchter, Haachtsesteenweg 1, 3118 Werchter
016 60 15 67, hotelwerchter@telenet.be, www.hotelwerchter.be

ruimte, want het huis is gigantisch. Ongetwijfeld bleef de sfeer van toen goed bewaard. Het hotel ligt weliswaar aan een steenweg, maar achterom merk je daar weinig van. Het terras en de tuin kijken uit op de groene landelijkheid van het Hageland.

Meer dan spectaculair is de ontbijtzaal annex zitruimte, met barok stucwerk op muren en plafonds. Richt je blik zeker omhoog, de schilderijen daar worden bevolkt door edele ridders op koene paarden...of is het andersom? Els en Marc zijn trots op de originele inrichting. De plavuizen beneden komen van een oude kerk die in het Brusselse afgebroken werd. De donkere tegels, die onmiskenbaar de sporen dragen van vele duizenden voeten, werden afgewisseld met houten frames en een mozaïek van strakke stukken marmer. Deurtjes van uitgediende biechtstoelen werden verwerkt in de glazenkast.

Een trap leidt je naar de bovenverdieping. Het binnenvallende licht is zacht en de planken kraken onder je voeten zoals alleen oude houten vloeren dat kunnen. De kamerdeuren herinneren aan de toegangsdeur naar een dokterskabinet uit het verleden. Een antieke spiegel draagt de littekens van jaren, de gietijzeren verwarmingselementen stammen uit de tijd dat centrale verwarming een pure luxe was. Hotel Werchter borrelt over van nostalgie!

ANDERE LOGIESMOGELIJKHEDEN IN DE BUURT, WAAR JE VIERVOETER WELKOM IS:

Hotel Formule 1, De Vunt 16, 3220 Holsbeek
016 44 99 11, C4921@accor.com, www.hotelformule1.com

Hotel-Taverne In Den Hoek, Leuvensesteenweg 69, 3390 Sint-Joris-Winge
016 63 01 47, indenhoek@busmail.net, users.belgacombusiness.net/indenhoek

De mooiste wandelingen met je hond

HORSTWANDELING 8,8 km

Ben je na of voor de wandeling aan een hartversterking toe, dan is het Kasteel van Horst een ideale plek. Naast de waterburcht staat immers Het Wagenhuis, een streekgasthof dat honden van harte verwelkomt. Een ander deel van het antieke koetshuis biedt onderdak aan een bezoekerscentrum, waar je streekproducten kunt kopen. Het kantoor fungeert tevens als toeristische dienst.
Op de wandelroute liggen nogal wat holle wegen, die je wel vaker vindt in deze regio. Lang geleden, toen de benenwagen nog het meest algemene vervoermiddel was, waren deze wegen populair onder struikrovers. De booswichten verborgen zich in het groen op de hoge flanken om vanuit hun hinderlaag argeloze reizigers te bespringen. Ook voor je hond hebben holle wegen een troef, want ze worden zelden verhard. En aarde loopt nu eenmaal lekkerder dan asfalt.
Bijna op het eind wandel je langs het Hof van Thunen aan het gehucht Lozenhoek. 'Loos' is een oude benaming voor 'afgelegen' en dat kun je nog steeds zien.

HOUWAARTSEBERGWANDELING 7 km

Ook deze wandelroute start aan het Kasteel van Horst, waar je makkelijk je auto kwijt kunt. Een van de streekproducten die je in het bezoekerscentrum (naast het kasteel) kunt kopen is de Hagelandse (witte) wijn. Koud aanbevolen!
De wijnbouw was op de Houwaartseberg al ingeburgerd in de 12de eeuw. In de 16de en 17de eeuw verdween de druivencultuur, maar in 1970 pompten enkele wakkere geesten het edele vocht nieuw leven in. Onderweg loop je langs de wijngaarden die op de zuidflank van de heuvel door de zon gekoesterd worden. Het vaakst wordt hier de variëteit Müller-Thurgau aangeplant.
Wil je je viervoeter een pleziertje bezorgen, volg dan na je terugkeer het wandelpad dat rond de fraaie waterburcht van Horst loopt. Deze aardeweg zal zijn neus zeker boeien, want hier ruikt het naar duizend-en-een honden die hem voorafgingen.

ROCKWEIDEWANDELING 9 km

Aarde loopt, ook voor je hond, lekkerder dan asfalt.

De Rockweidewandeling loopt natuurlijk langs de welhaast wereldberoemde Rock Werchterfestivalweide. Die verschilt, behalve dan enkele weekends per jaar, in niets van andere doordeweekse weilanden.
Heb je eenmaal de Haachtsesteenweg de rug toegekeerd, dan wandel je door een landschap dat afwisselend geboetseerd wordt door akkers, weiden en bossen. De Dijle slingert zich daar kronkelend doorheen. De rivieroevers zijn zalig, omdat fietsers, wandelaars en baasjes met hun hond er het monopolie op hebben.
Onderweg wacht je een kennismaking met het nietige dorpje Wakkerzeel. En je ogen dwalen zeker af naar de grote boerderij, een blikvanger die luistert naar de naam Kraneveldhoeve. Bij de opvallende Sint-Jan-de-Doperkerk van Werchter is het einde bijna in zicht. Wil je de terugkeer nog wat uitstellen, dan bezorgen de cafeetjes op het dorpsplein je een gedroomd alibi.

Het wandelboekje 'Wandelnetwerk Wingevallei' is te koop in het bezoekerscentrum van het **Kasteel van Horst**, Horststraat 28, 3220 Sint-Pieters-Rode,
016 62 33 45, kasteel.horst@erfgoed-vlaanderen.be,
www.erfgoed-vlaanderen.be/nl/kasteelvanhorst

Doe-tips in de omgeving

19 KASTEEL VAN HORST

'Sociale contacten' voor je hond in Provinciedomein Kessel-Lo.

Brand, oorlog en moord kleuren de geschiedenis van het Kasteel van Horst, sinds ene Jan van Horst er rond 1265 zijn intrek nam. In de 15de eeuw werd de donjon opgetrokken. Deze vierkante verdedigingstoren diende tevens als woning.
Muurankers verraden dat de burcht in 1657 grondig verbouwd werd. Toen liet Maria-Anna van den Tympel, slotvrouw van Horst, plafonds in stucwerk aanbrengen. Ook de bouw van het wagenhuis werd door haar gefinancierd, getuige haar initialen op de buitenmuur.
Bij dit romantische waterslot hoort ook een spookverhaal. Hoofdrolspeler is Amelryck Pynnock, kasteelheer in 1424. De edelman was zeer verbolgen toen hij te laat kwam in de kerk en zag dat de pastoor begonnen was zonder hem. Naar verluidt sneed hij de dienaar van God ter plekke de keel over. Dat de moordenaar geen zielenrust vindt, spreekt vanzelf.

Kasteel van Horst, Horststraat 28, 3220 Sint-Pieters-Rode

016 62 33 45, kasteel.horst@erfgoed-vlaanderen.be,

www.erfgoed-vlaanderen.be/nl/kasteelvanhorst

Jaarlijks zijn er tal van evenementen rond het kasteel. Honden zijn toegelaten op het kasteeldomein.

20 PATER DAMIAANMUSEUM

Dat pater Damiaan, geboren als Jozef De Veuster, op Molokai terechtkwam, gebeurde min of meer bij toeval. Het was immers zijn broer Auguste die zou vertrekken naar de andere kant van de wereld. Maar die werd ziek en omdat de reis al helemaal voorbereid was, nam Jozef zijn plaats in.

Jaren later besliste een plaatselijke bisschop een priester te sturen naar de leprozenkolonie op Molokai. De missionaris moest er drie maanden blijven. Pater Damiaan ging en kwam nooit meer terug. Omdat niemand het eiland durfde betreden, deed de pater alles alleen. Hij was er niet enkel priester, maar ook dokter en bouwde er zelfs zijn eigen kerk. De eretitel 'engel van Molokai' was hem dan ook op het lijf geschreven. In 1889 stierf de 'Grootste Belg' aan de gevolgen van lepra.

—

Het woonhuis van de Jozef De Veuster is nu het **Pater Damiaanmuseum**, Pater Damiaanstraat 37, 3120 Tremelo, ☏ 016 53 05 19, ✉ damiaanmuseum@gmail.com, 💻 www.tremelo.be/Pater_Damiaan
Honden niet toegelaten in het museum.

21 PROVINCIEDOMEIN KESSEL-LO

In deze groene oase komen veel baasjes de hond uitlaten. Je viervoetige vriend zal er dus snel 'sociale contacten' kunnen maken. Je kunt in het gras zitten of op een bankje, maar het Provinciedomein heeft ook alles om je een actieve dag te bezorgen. Er zijn verschillende speeltuinen, die stuk voor stuk afgestemd werden op bepaalde leeftijdsgroepen. Als je gaat roeien op de vijvers, waarom zou je je hond niet meenemen aan boord? Kan hij niet zwemmen, dan houd je hem aan de leiband. Er zijn *minicars* en een minigolf. Op de rolschaatspiste en de *skateramp* laten sportieve jongeren hun kunsten zien.
De kinderboerderij heeft een dierenweide, en dat spreekt heus niet alleen kleine kinderen aan. Wandelpaden doorkruisen het domein en er werden voldoende drinkstalletjes voorzien.

—

Provinciedomein Kessel-Lo, Gemeenteplein 5, 3010 Kessel-Lo,
☏ 016 25 13 92, ✉ provinciedomein.kessello@vlaamsbrabant.be, 💻 www.vlaamsbrabant.be/kessello
In dit domein zijn alle honden welkom, alleen niet in de speeltuinen.

Wonderlijke hondenweetjes

! SLAAPPILLEN OVERBODIG

Slapeloosheid staat niet in een hondenwoordenboek. Geen hond ter wereld die ooit schaapjes telt, een borreltje neemt als slaapmuts, om van slaaptabletten nog maar te zwijgen. Zon of maan, stilte of lawaai – honden hebben het aangeboren talent om binnen enkele seconden in een diepe slaap weg te zinken. Om jaloers op te zijn!

! HOE KLEINER, HOE BETER

Nicole Richie en Paris Hilton hebben meer gemeen dan een hollywoodachtige levensstijl. Het troeteldier van Nicole is een langharige chihuahua. Paris koos voor hetzelfde ras, maar in een kortharige versie. Zulke hondjes behoren tot het 'vestzak-broekzak-model', dat in de palm van je hand past.

Overigens is het onder megasterren 'in' om een bastaardhond uit het asiel te halen. Met je goede daad haal je de bladen en je hebt een 'uniek' dier, waarvan er geen twee dezelfde rondlopen.

! MELK IS TABOE

Geef je hond nooit melk te drinken, daar krijgt hij diarree van. Wat wel op zijn menu mag staan, is karnemelk, yoghurt en verse kaas. Dat vinden alle honden lekker en het is gezond voor hun darmflora. Een kommetje van deze zuivel is bovendien erg geschikt om een pilletje in te verbergen.

! ...EN CHOCOLADE IS PUUR VERGIF

In hoofdstuk één, op bladzijde één van elk hondenboek hoort te staan: geef je hond NOOIT chocolade. Boosdoener is de stof theobromine en die is voor honden levensbedreigend, zelfs in minieme hoeveelheden. Hetzelfde geldt natuurlijk voor alle levensmiddelen waarin cacao verwerkt is. Een en ander werkt op het zenuwstelsel, waardoor je hond ongecontroleerd gaat trillen en stuiptrekkingen krijgt.

Praktische hondentips

Golden retriever

FLESSEN WATER VERVOEREN

Dat een hond spullen draagt, is net zo oud als de relatie mens-hond. Dezer dagen zijn er speciale hondenrugzakken te koop; handig om bijvoorbeeld je hond zijn eigen drinkwater te laten vervoeren. Het beste is dat je de hond laat wennen, door hem in het begin de lege tas om te gespen. Hij moet immers leren dat hij nu wat breder is langs de zijkanten. Het tuigje wordt zo aangespannen dat je je vinger gemakkelijk tussen het hondenlijf en de riempjes kunt steken. Als je je hond telkens als je uit wandelen gaat het rugzakje omdoet, zal hij snel de link leggen tussen de leiband, het tuigje en fijne tochten maken met de baasjes. De volgende stap is dat je hem krantenpapier laat dragen. Later kun je dan overstappen op nuttiger dingen voor onderweg. De vuistregel is dat een hond een kwart van zijn lichaamsgewicht kan dragen. Je verdeelt de inhoud in twee gelijke helften, dat draagt het handigst.

SCHOENTJES VOOR HEET ASFALT

Wondjes aan de zoolkussens genezen erg moeilijk, dat weet elke hondenbaas. Om die te voorkomen kun je je hond 'hondenschoentjes' aantrekken. Die zijn erg doeltreffend voor ruw terrein, warm asfalt, heet zand... Ook 's winters als er ijs en sneeuw ligt – en, erger nog, strooizout! – komen de schoentjes goed van pas. Ook handig om het uitglijden op gladde vloeren te voorkomen. Net als voor mensenschoenen geldt dat de hondenschoentjes de goede pasmaat moeten hebben.

8. Dinant

BAAS EN HOND VERBONDEN DOOR? DE LEIBAND!

Met je hond op de catwalk van Dinant

Pakweg honderd jaar geleden was Dinant nog een ver en wat exotisch vakantieoord. Getuige van die ietwat vergane glorie zijn de grote villa's, en de nu vaak leegstaande hotels, op de oevers van de Maas.

In al die tijd heeft de brede rivier nochtans niets van haar aantrekkingskracht verloren. Nog steeds is het een populair tijdverdrijf om te flaneren op de Boulevard Churchill. Met de unieke kerk bijna binnen handbereik is dit zowat dé catwalk van de stad. Hier vind je zeker een tafeltje op een van de terrassen die op het water uitkijken.

Na een onderdompeling in het stadse geroezemoes van Dinant kun je je terugtrekken in Le Val des Colverts op het platteland. Mensen die van rust en ruimte houden, worden hier op hun wenken bediend. Ook op de wandelroutes, die jij uitkiest en die je makker gewillig met je meetrippelt.

Natuurlijk keer je niet naar huis terug zonder een bezoek aan de Tuinen van Annevoie. In het park zelf kun je niets eten of drinken, maar brasserie L'Orangerie des Jardins d'Annevoie laat niets te wensen over wat het natje en droogje betreft. Bovendien zal het uitzicht op de goed onderhouden tuinen je ongetwijfeld kunnen bekoren.

Duo Duitse herders? Geen probleem!

HOTEL LE VAL DES COLVERTS

Vanuit Dinant rijd je een eindje langs de mooie Maas en in een wip ben je bij Le Val des Colverts. Het hotel werd enige tijd geleden van top tot teen gerenoveerd. Voor de gevel werden de kleuren beige en rood gekozen. Deze kleuren zetten zich ook binnen voort. Alle kamers zijn een variatie op hetzelfde kleurenthema: Mexicaans rood voor de muren in harmonie met een warm beige. Fleurige gordijnen en een vergelijkbaar bedovertrek maken het geheel compleet.

De kamers werden duidelijk zichtbaar georkestreerd door mensen met een goede smaak! De diepe kleuren doen de inrichting alle eer aan. Net zoals het kingsize bed, waar je al van bij de eerste aanblik zin hebt om je

Hotel Le Val des Colverts, Route de Blaimont 8, 5541 Hastière-par-Delà
082 64 45 48, info@levaldescolverts.be, www.levaldescolverts.be

erop te gooien. De blankhouten meubels doen aan Scandinavië denken, er is ook een zithoekje met een ronde tafel en twee stoeltjes. Van hieruit kun je televisiekijken, maar je kunt daarvoor ook op het bed gaan liggen.

Ook al zijn we een luxehotel, ons maakt het niet uit of hier tien honden logeren...

De badkamer is een symfonie in het wit van frisse sneeuw, met bijpassend linnen. In de ruim bemeten kamers zie je duidelijk waarom Le Val des Colverts zich een luxehotel noemt. Dat in deze kraaknette zaak honden welkom zijn, is de weloverwogen politiek van het huis. François-Xavier: 'Twee, drie, vier of zelfs tien honden, dat maakt voor ons geen verschil. Wij krijgen vaak gasten met een hond, die weten dat ze in ons luxehotel welkom zijn... of dat nu een pocketmodel is of een duo Duitse herders is van geen belang.'

In een aparte zaal wordt het ontbijt geserveerd en kun je een maaltijd kiezen van de kaart van de brasserie. Ook hier neem je je dier gewoon mee. Bij mooi weer kun je op het terras eten of nog een glas drinken en van de ondergaande zon genieten. Het hotel ligt binnen kuierafstand van de Maas. Daar kun je nog even wandelen met je beste vriend voor jullie op een oor gaan liggen.

VOOR EEN 2de WEEKEND:
ANDERE LOGIESMOGELIJKHEDEN IN DE BUURT, WAAR JE VIERVOETER WELKOM IS

EuroResort Les Etoiles, Rue de Village 2, 5542 Blaimont
sales@euroresorts.com, www.euroresorts.com

Auberge-Grill Le Freyr, Chaussée des Alpinistes 22, 5500 Anseremme
082 22 25 75, pat.poulet@hotmail.com, www.lefreyr.be

Welgemeende gastvrijheid... ook voor je hond

L'ORANGERIE DES JARDINS D'ANNEVOIE

> Geen rassendiscriminatie in de hondenwereld bij ons.

Bij gastvrouw Christiane van L'Orangerie des Jardins d'Annevoie word je bediend met een warme en welgemeende gastvrijheid. Dat geldt ook voor je hond. 'Wij hadden eerst kleine honden in gedachten, maar toen kwam er een gezin met een boxer binnen... We hebben ter plekke de knoop doorgehakt, in onze zaak geen rassendiscriminatie voor honden.' Nog een staaltje van de opmerkelijke ontvangst: de tuinlieden van het park eten hier hun boterham - niet weggemoffeld in de keuken, maar gewoon tussen de andere gasten!

De grote troef van L'Orangerie is het werkelijk adembenemende uitzicht op de tuinen van Annevoie. Het terras met de stoelen in gietijzer met riet beslaat zowel de lengte als de breedte van de zaak. Het ligt ook iets hoger dan het park, zodat het uitzicht niets te wensen overlaat. Voor een passend achtergrondgeluid zorgen de klaterende fonteinen die een belangrijke rol spelen in het groene geheel.

De kaart van de brasserie is vrij eenvoudig. Regenboogforel is dé specialiteit van het huis en ook dat heeft te maken met het park. In het zuivere bronwater van de vijver worden de forellen gekweekt, die op je bord getoverd worden. 'Truite en papillote à l'Ardennaise et aux Aromates' is om je vingers bij af te likken! Verder is er een suggestiemenu met een licht gerookte forelfilet als voorgerecht, steak met pepersaus en een toetje. Maar je kunt hier ook terecht voor een kleine snack, een ijscoupe of een Brusselse wafel als vieruurtje.

De Orangerie werd ondergebracht in een oude smidse, maar daar merk je niets meer van. Je zit hier als het ware in een serre met een plafond, met openschuivende glazen deuren die het authentieke uitzicht dik

Brasserie-Taverne-Restaurant L'Orangerie des Jardins d'Annevoie, Rue des Jardins 39, 5537 Annevoie
082 61 10 86, lau@skynet.be, www.orangerie-annevoie.be

in de verf zetten. Parelgrijze tegels, mooie kasten in blank hout, oude tuinplaten aan de muur en een lessenaartje met een gastenboek benadrukken de heldere stijl van de hedendaagse inrichting.

ANDERE LEUKE RESTAURANTS, WAAR JE VIERVOETER WELKOM IS:

Restaurant Le Val des Colverts, Route de Blaimont 8, 5541 Hastière-par-Delà
082 64 45 48, info@levaldescolverts.be, www.levaldescolverts.be

Le Bonne Heure, Rue du Village 2, 5542 Blaimont
sales@euroresorts.com, www.euroresorts.com

De mooiste wandelingen met je hond

SUR LES HAUTEURS DE BOUVIGNES 12 km

Neem op deze tocht zeker eten en drinken mee, want onderweg is er geen enkele pitstop. Een fles water wordt zeker gewaardeerd door je hond als er een halve dag gestapt wordt.
Het middeleeuwse Bouvignes is nog maar weinig veranderd sinds de 15de eeuw. Boven het dorp torent een rots uit met daarop de ruïnes van Crèvecoeur. Het verhaal doet de ronde dat tijdens een belegering in 1430 de vrouwen zich van de toren stortten voor de vijand hun eer kon roven...
In Grange stoot je op een boerderij met in de buitenmuur een herinnering aan de Engelse soldaten die in 1940 slachtoffer werden van oprukkende Duitse troepen. Doel van deze plaatselijke strijd was de macht over de Maas te veroveren.
Buiten het nietige Grange krijg je al snel het kerkje van Sommière in het vizier. Op het laatste stuk kun je nog een blik werpen op de 'Ferme de Hontoir' en de 'Ferme d'Herlem', gebouwen die er vele eeuwen op hebben zitten.

THYNES ET TAVIET 9 km

De wandeling die de baas en zijn trouwe schaduw naar de dorpjes Thynes en Taviet brengt, wordt beschreven als een makkelijke route langs comfortabele wegen en met slechts een gering hoogteverschil. Nogal wat honden zijn, vooral in de fleur van hun leven, geboren langeafstandslopers die hun poot niet omdraaien voor een tocht van 9 km.
Thynes wordt gezien als een schoolvoorbeeld van een dorp in de Condroz. De huisjes uit kalksteen dateren voornamelijk uit de 19de eeuw. Mits je een omweg van 200 m doet, kun je hier een bron bekijken omgeven door een wasplaats.
Op weg naar het dorpje Taviet wandel je langs een fraai meertje. Als je in de natuur – en in het bijzonder in vogels – geïnteresseerd bent, neem dan zeker de verrekijker mee. Dit water staat bekend om zijn rijkdom aan vogelleven. Houd zeker je hond onder controle met al dit waterwild binnen handbereik.

LE CHEMIN DES CRÊTES À FALMIGNOUL 12,5 km

Op deze wandeling krijg je volop de gelegenheid om de Maas te bewonderen. De rivier laat zich meestal van haar rustig voortkabbelende kant zien, maar bij hevige en langdurige regenval kan ze veranderen in een furie die alles meesleurt wat buiten haar oevers ligt. Het dorpje van Falmignoul ben je snel door, tijd om het platteland te ontdekken en de fraaie vergezichten op de brede rivier en op de hoeves van Lenne op de tegenoverliggende oever.
Van Château Thierry rest niets meer dan een ruïne, die je enkel vanuit de verte kunt bewonderen. Bij de fraaie meander van de Maas in Waulsort werden zitbankjes geplaatst, om de wandelaar die met zijn hond even wil rusten volop van het landschap te laten genieten.
Een eind verder kom je bij de plezierhaven op de rivieroever. De enige manier om de andere oever te bereiken is 'Le Bac', een door mankracht bediend veerpontje. Sympathiek!

'Autour de Dinant' is een omslag, waarin zes wandelingen samengebracht werden. Te koop (enkel in het Frans) bij **Syndicat d'Initiative de la Ville de Dinant**, Avenue Cadoux 8, 5500 Dinant, ✆ 082 22 28 70, ✉ info@dinant-tourisme.be, 💻 www.dinant-tourisme.be

Een fles water voor je hond doet wonderen als jullie gaan stappen.

Doe-tips in de omgeving

22 CRUISE OP DE MAAS

Dinant noemt zichzelf 'de dochter van de Maas'. Wil je de rustige rivier in stijl aanpakken, dan word je op je wenken bediend door de grote boten. Voor waterratten is de mooiste reis Dinant-Givet, waarbij het dagvullende programma je voldoende tijd geeft om het Franse stadje te voet te verkennen. Een tocht van een halve dag (ca. 3 uur) brengt je naar Hastière en terug. Bij de kortere uitjes is er keuze tussen een kennismaking met de Maas van Dinant naar Anseremme (45 min.) en van Dinant naar het kasteel en de rotsen van Freyr (105 min.). Op warme dagen is zo'n uitstapje bijzonder verfrissend, ook voor je hond.

Of je nu kiest voor rederij Le Bayard, Le Copère of Bateau de la Meuse, je vertrekt altijd vanaf Kaai nr. 5, vlak bij de brug over de rivier in het hart van de stad.

De programma's van alle schepen zijn dezelfde en bij elkeen is je hond (gratis!) welkom aan boord.

Een verfrissend boottochtje met je viervoeter

23 DE TUINEN VAN ANNEVOIE

Toen Charles-Alexis de Montpellier in 1758 terugkwam van een lange reis door Europa, liet hij zich bij de aanleg van zijn domein inspireren door herinneringen aan verre oorden. De strakheid van de Franse avenues combineerde hij met de romantiek van de Engelse tuinen. De harmonie tussen beide verfraaide hij met beelden zoals hij in Italië bewonderd had.

Water is een blikvanger: op het domein ontspringen vier bronnen en er loopt een riviertje door. Door een uiterst eenvoudig systeem van communicerende vaten gebruikte Charles-Alexis de natuurlijke hellingen om spiegelende vijvers, kabbelende beken en ruisende watervalletjes te voeden. Annevoie mag zich terecht de

23

24

allermooiste watertuin van het land noemen en heeft een stevige reputatie op Europees niveau.

—

Les Jardins d'Annevoie, Rue des Jardins, 5537 Annevoie

082 61 11 78, info@jardins.dannevoie.be, www.jardins.dannevoie.be

In het park zijn alle honden welkom.

24 GROT LA MERVEILLEUSE

Als tweevoeters vergeten we meestal dat zich onder onze schoenzolen nog een volledige en onbekende wereld bevindt. Als zo'n plek dan La Merveilleuse gedoopt wordt, kun je er zeker van zijn dat Moeder Aarde hier het mooiste van haar ingewanden laat zien. De grot van Dinant hulde zich eeuwenlang in stilzwijgen. Pas in 1904 werd deze wondere wereld per toeval ontdekt. De arbeiders die deze geheimzinnige wereld voor het eerst aanschouwden, konden wellicht hun ogen niet geloven. Stalagmieten, stalactieten, watervallen in de door sneeuwwitte kalk gebeeldhouwde zalen kunnen de vergelijking met het fijnste kantwerk makkelijk doorstaan. De eigenaars van het terrein begrepen onmiddellijk de waarde van de site. Zij bouwden trappen en installeerden elektrisch licht, om het publiek te laten delen in dit nooit geziene kunstwerk van de natuur.

—

La Merveilleuse, Route de Philippeville, 5500 Dinant

082 22 22 10, robert.libert@busmail.net, www.dinantourism.com

Honden zijn in deze onderaardse wereld niet toegelaten. De *dogsitter* van dienst mag zich voorbereiden op een sessie van een uur.

Wonderlijke hondenweetjes

! JE HOND 'KIJKT' MET ZIJN NEUS

Wat zijn neus betreft, is je hond niets minder dan 'superman'. Dit hoog ontwikkelde orgaan doet dienst als bril, microscoop, bibliotheek, radio en krant. Viervoeters beschikken over driehonderd miljoen reukcellen, terwijl mensen het moeten stellen met vijf miljoen! Zelfs geuren die weken oud zijn, snuift hij moeiteloos op. Trek je hond daarom nooit weg als hij onderweg ergens wil snuffelen, maar gun hem de tijd om uitvoerig de plaatselijke 'hondenkrant' te lezen.

! HOND EN KIND: SAMEN BEN JE NOOIT ALLEEN

Deskundigen zijn het erover eens: kinderen die in de eerste zeven jaar van hun leven een hond hadden, zijn creatiever en toleranter. Schoolkinderen zouden er zelfs slimmer van worden. De viervoeter is dus haast net zo belangrijk als zusjes en broertjes. Met een hond zijn er geen conflicten, hij heeft altijd tijd en liegt het kind nooit voor. Bovendien maalt hij er niet om of de 'kleine baas' een bril draagt of een beugel.

Als de wegen van papa en mama gaan scheiden, is de hond erg belangrijk als luisterend oor. Zijn aanwezigheid garandeert het kind geborgenheid, aan zijn liefde moet nooit worden getwijfeld. Waar kinderen zonder hond zich verschansen achter computerspelletjes of de televisie, geven kleine hondenbaasjes aan wel twee tot drie uur per dag met hun trouwe makker bezig te zijn.

! WIE WAT BEWAART, HEEFT WAT

Als een hond een bot begraaft, geeft hij daarmee het signaal dat hij te veel voedsel krijgt. Dat is een erfenis van zijn voorgeprogrammeerde 'wolvengeheugen'. Had de roedel een grote buit, dan at eerst elk dier zijn buikje rond; wat overbleef werd (opgedeeld in porties) begraven voor slechtere tijden. En reken maar dat die plek grondig op de 'harde schijf' opgeslagen werd. Het instinct van sommige honden is zo dwingend, dat ze zelfs voedsel begraven in een hoek van de kamer.

Praktische hondentips

HONDEN-ETIQUETTE VOLGENS HYACINTH BOUQUET

Of je hond welkom is in een hotel is een keuze van de eigenaars. Maar misschien is het personeel minder gelukkig met die beslissing. Wil je het voor iedereen prettig houden, stel dan bij de receptie even je hond voor. Vraag wie voor je kamer zorgt en begroet met je hond ook die persoon, die dan alvast kan wennen aan je dier. En voor je hond wordt deze nieuwe onbekende in één moeite door een vertrouwde geur.

ACHTERGRONDGELUID, SPEELTJE EN SNOEPJES TEGEN EENZAAMHEID

Blijft je hond even alleen, laat dan de radio of de televisie aan, zo voelt hij zich minder eenzaam. Geef hem een speeltje en een kauwstokje om zijn aandacht wat af te leiden van je afwezigheid. Opdat het kamermeisje zich geen aap zou schrikken bij de aanblik van je viervoeter, hang je het bordje 'niet storen' aan de deur. Laat je hond de vreemde omgeving uitgebreid besnuffelen. Zodra hij zich op zijn gemak voelt, kiest hij een plek waar hij zich goed voelt.

Berner sennenhond

Bulterriër

9. De Voerstreek

HONDEN TE GAST BIJ VOS EN DAS

Voeren, om te verkennen met een dier dat dol is op wandelen.

Groene heuvels, uitgestrekte bossen, hagen, houtwallen, boomgaarden, vakwerk en daartussen, als kralen aan een snoer, zes knusse dorpjes. De horizon in de Voerstreek doet bepaald on-Belgisch aan. Geen wonder dat dieren als de das en de vos zich thuis voelen in dit ongeschonden landschap, dat als twee druppels water op het Engelse platteland gelijkt.

De romantische sfeer van The Kings Head Inn draagt een steentje bij aan dat gevoel dat je in het buitenland vertoeft. Terwijl je tegelijkertijd heel erg thuis bent in dit hotel. Bij

Moeder de Gans, binnen wandelafstand van je bed, begrijp je snel waarom de Voerenaars hun streek de 'rommelzolder' van het land noemen. In deze herberg werden zelfs oude recepten van onder het stof gehaald.

Kies je de wandelroute die jou en je makker langs de gave vakwerkhuizen van Veurs voert, loop dan zeker binnen in het winkeltje van Jetteke. Dit kruidenierszaakje zou niet misstaan in een openluchtmuseum, net als de rest van de regio trouwens. Dit brokje Limburg moet je écht te voet verkennen, liefst in gezelschap van een dier dat dol is op wandelen. En welke hond is dat niet?

Twee anglofielen... dol op honden en paarden

THE KINGS HEAD INN

Theo en Renée van The Kings Head Inn kozen voor een inrichting die baadt in een Engelse sfeer. 'Mijn vrouw en ik zijn ongeneeslijke anglofielen. Lang geleden vonden we in een Schotse antiekzaak een origineel Guinness uithangbord van "The Kings Head Inn". Dat werd meteen "onze" naam, die verwijst naar de Engelse koning Charles I. Hij werd onthoofd, maar bij ons kreeg de koninklijke verschoppeling zijn ereplaats terug.'

Met spijt hebben wij uw hotel verlaten. Wij = Anita, Julien en Snoopy.

Hostellerie The Kings Head Inn, Dorpsstraat 4, 3793 Teuven
04 381 13 24, info@thekingsheadinn.com, www.thekingsheadinn.com

Dat Theo en zijn echtgenote hun Nederlandse hart verloren in de Voerstreek heeft te maken met het landschap. Hagen en houtwallen, loofbossen afgewisseld met open weilanden en gerestaureerde vakwerkhuizen herinneren aan de Engelse *countryside*. De kamers werden met veel gevoel voor Engelse romantiek ingericht - hoe kan het anders? Renée: 'Alle bedden hebben een hemel. De inrichting is wel telkens verschillend: sommige met bloempjes, andere met ruitjes of streepjes.'

Dat honden welkom zijn, vindt het echtpaar vanzelfsprekend. 'Onze Ben (labrador x golden retriever) maakt deel uit van de familie. Dat is bij andere hondenbazen ook zo. Wel vragen we onze gasten om hun dier aangelijnd te houden. Wij hebben namelijk poezen en als een vreemde hond achter hen aanzit, zien we ze een week lang niet.'

Theo en Renée houden ook paarden. Voor ruiters die met hun rijdier willen overnachten, staat er een weide ter beschikking. De gastheer heeft zelf wandelroutes uitgestippeld, compleet met plannetje en beschrijving. Want 'wat is er leuker dan met je viervoetige vriend wandelingen te maken in onze mooie Voerstreek'? Het gastenboek in de ontbijtruimte liegt er niet om: 'Wij hebben met spijt uw hotel verlaten. Wij = Anita, Julien en Snoopy.'

VOOR EEN 2de WEEKEND:
ANDERE LOGIESMOGELIJKHEDEN IN DE BUURT, WAAR JE VIERVOETER WELKOM IS

Gasthof Blanckthys, Plein 197B, 3798 's-Gravenvoeren
04 381 24 66, blanckthys@skynet.be, www.blanckthys.be

Vakantiewoningen Haciënda, Rode Bosstraat 35, 3791 Remersdaal
04 381 01 76, info@campinghacienda.nl, www.campinghacienda.be

Herberg? Brocantezaak?

MOEDER DE GANS

Staat er bij The Kings Head Inn 'Charles Dickens' in de boekenkast, dan wachten bij Moeder de Gans de sprookjes van het bekende ganzenmoedertje. Beide eigenaars delen ook hun honden-welkom-mentaliteit.

Dat vinden de Nederlander Rogier en de Australische Sara geen bijzondere prestatie. 'We waren ooit op tocht met vrienden en hun hond. Op een terras vroegen we de eigenaar om water voor het dier. De man bracht ons een fles mineraalwater die we moesten betalen. Dat is zeker niet onze stijl. Voor onze gasten met vier pootjes hebben we zelfs speciale drinkbakjes aangeschaft.'

De herberg huist in een 18de-eeuwse vakwerkboerderij. Binnen kijk je je ogen uit naar alle nostalgische spullen - dit lijkt wel een brocantezaak ... Het antieke, houtgestookte kookvuur met de vele deurtjes bewijst dat koken op zo'n bakbeest niet simpel was. De zwart-witfoto's aan de muur nodigen uit tot mijmeren: een jonge frontsoldaat... een bruidje dat wat verschrikt in de lens kijkt, een echtpaar uit de gegoede burgerij met een zoon in matrozenpak ... En dan is er nog het portret van de piepjonge Lodewijk XVII, de knaap die nooit de koningstroon zou bestijgen - daar stak de Franse Revolutie een stokje voor ...

De menukaart van Moeder de Gans is een openbaring van streekproducten: forel, stroop, brood uit de houtoven, streekkazen, paté, ham ... stuk voor stuk Voerense specialiteiten.

Behalve op hun streekgerechten zijn Rogier en Sara trots op hun bierkaart. Terecht, want er is keuze tussen 10 bieren van 't vat,

Speciale drinkbakjes voor gasten met vier pootjes.

Herberg Moeder de Gans, Dorpsstraat 6, 3793 Teuven
☏ 04 381 22 85, ✉ moeder@degans.be, 💻 www.moederdegans.be

15 trappisten (waaronder de zeldzame Westvleteren!), 12 abdijbieren en 18 speciale bieren. Er is zelfs een aparte bierkaart van ambachtelijke bieren, met – waar mogelijk – vermelding van een jaartal.

ANDERE LEUKE RESTAURANTS WAAR JE HOND WELKOM IS:

Gasthof Blanckthys, Plein 197B, 's-Gravenvoeren
☏ 04 381 24 66, ✉ blanckthys@skynet.be, 💻 www.blanckthys.be

Hostellerie The Kings Head Inn, Dorpsstraat 4, Teuven
☏ 04 381 13 24, ✉ info@thekingsheadinn.com, 💻 www.thekingsheadinn.com

De mooiste wandelingen met je hond

KAPELLETJESWANDELING 10 km

De Kinkenberg is een van de mooiste hoekjes van 's-Gravenvoeren. De kapel dateert van 1785, herberg De Swaen is al sinds de 16de eeuw een afspanning. Hier konden de postkoetsen tussen Aken en Luik van paarden wisselen. De loodzware gevaartes moesten de steile, holle weg door, waar jij nu loopt. Hier is het speuren naar dassenburchten: een gat in de berm, een pluk zwart-witte haren aan prikkeldraad ... De Voerenaars zijn trots op deze dieren. Er wordt daarom met aandrang gevraagd je hond aan de leiband te houden. Heeft je viervoeter eenmaal een geurspoor te pakken, dan zou hij weleens de 'kuierlatten' kunnen nemen ...
De wandelroute klimt naar de grens met Nederland, dan daal je af naar domein Altenbroeck. De Voer, het riviertje dat zijn naam leende aan de streek, ligt ook op je weg. De fraaie Steenboskapel is meer dan een blik waard voor je terugkeert naar de start.

BRONNENWANDELING 8 km

Dat dit een bronnenwandeling is, zul je geweten hebben. Bij regenweer stroomt het water hier letterlijk naar beneden. Aangepast schoeisel is zeker nodig en een grote doek om je hond na de tocht af te drogen en te fatsoeneren voor je ergens binnenloopt.
Voor stromend water aan huis geleverd werd, putten de Voerenaars uit de Kolenbron, de eerste bron op je pad. De Voerstreek is erg heuvelachtig, op elke wandelroute moet er dus geklommen en gedaald worden. Als tweevoeter wil je nogal eens naar adem happen op steile paden. Voor honden is zo'n helling een fluitje van een cent.
Rond de kerk van Sint-Pieters-Voeren ligt het kerkhof, met grafstenen uit de 17de eeuw. En dan is er natuurlijk de Commanderie, het kasteel van de Duitse Ridderorde. Daarachter ligt de forellenkwekerij, waar je een vishapje kunt kopen om uit het vuistje te eten.

order collie

ALTENBROEKWANDELING 10,2 km

De geur van vos en das maken het extra spannend voor je hond.

'E stiegelke' noemen ze in Voeren een draaipoortje dat voetgangers toelaat om een weide over te steken. Door het stiegelke loop je naar de weilanden die langs de Noorbeek liggen. Ben je de haag met essen, populieren en meidoorn voorbij, dan kijk je op het aantrekkelijke landschap dat bij Altenbroek hoort. Dat is niet alleen de naam van het kasteel, maar ook van het omliggende natuurgebied. Maar liefst 160 ha grensoverschrijdende natuur, die broederlijk beheerd wordt door Nederland en België.
Op je weg krijg je een behoorlijke portie holle wegen, hagen, hoogstamboomgaarden en houtkanten geserveerd. Dat zijn de traditionele elementen waar een Voerens landschap mee geboetseerd wordt. Verderop in het bos lopen galloways, zachtaardige runderen die geen vlieg kwaad doen. Alleen kunnen ze schrik krijgen van honden, dus hier zeker de leiband strak houden.

De wandelkaart 'Grensloos wandelen en toeren in de Voerstreek en het Mergelland' is te koop bij **Toerisme Voerstreek**, Kerkplein 212, 's-Gravenvoeren, 04 381 07 36, voerstreek@skynet.be, www.voerstreek.be, www.bezoekerscentrum.be

Doe-tips in de omgeving

25 DE ABDIJ VAN VAL-DIEU

Ravotten zonder leiband: hondenlosloopgebied op de Nederlandse Sint-Pietersberg!

Cisterciënzers waren heel bijzondere monniken. Hun filosofie was om zich zo ver mogelijk van de bewoonde wereld terug te trekken. In 1216 vonden ze een perfecte plek in wat nu het Land van Herve genoemd wordt. Meer dan water en gronden geschikt voor de landbouw hadden de mannen niet nodig om een imposante abdij uit de grond te stampen.
Behalve om hun leven in afzondering, stonden de broeders bekend als getalenteerde brouwers. Wellicht steekt je hond zijn neus in de lucht, want het eerste wat hier opvalt, is de geur van versgebrouwen bier. De brouwerij huist in de vroegere boerderij van de orde. Het bier is te koop in drie smaken: La Blonde, La Brune en La Triple.
Verder is het domein een basiliek, een molen, stallen en schuren rijk. In de gebouwen zijn honden niet toegelaten, maar in de landelijke omgeving kunnen baas en hond lekker de pootjes strekken.

Abbaye du Val-Dieu, Val-Dieu 225, 4880 Aubel, ✆ 087 69 28 47, 💻 www.val-dieu.net

26 DRIELANDENPUNT

Te oordelen aan de buitenlandse bezoekers die hier kiekjes maken, zit het Drielandenpunt in fotoalbums in alle uithoeken van de wereld. Met 323 m boven de zeespiegel is de plek waar drie grenzen samenkomen tevens het hoogste punt van Nederland. Niet echt om hoogtevrees van te krijgen, maar op de top van de Boudewijntoren heb je een fantastisch panorama op de groene omgeving.
Het Drielandenpunt biedt je een dagvullend programma aan: een gratis speel-

26

27

tuin, een labyrint om in rond te dwalen (met je hond!), met een Amerikaanse schoolbus of een Engelse dubbeldekker toeren in de streek. Verder kun je hier schieten op kleiduiven, kruis- en handboogschieten, schieten met blaaspijpjes en pluimschieten met luchtdrukgeweren.
In Taverne De Grenssteen, het Drielandenlabyrint (het grootste van Nederland!) en op het domein zijn alle honden welkom.

—

Bezoekerscentrum Drielandenpunt, Drielandenpunt 99, 4851 Gemmenich (Nederland)
00 31 43 306 10 19, www.drielandenpunt.nl

27 SINT-PIETERSBERG

Een gebied waar honden frank en vrij mogen rondlopen? Dat hebben we niet in België. De Nederlanders wel en ze noemen het ook zo: 'hondenlosloopgebied'. Als dat geen goed voorbeeld is! Op de top van de Sint-Pietersberg (nabij Maastricht) ligt een enorme lap grond waar de hond zonder leiband mag ravotten. Met zijn baas of met andere honden ...
Voor de baasjes (maar dan zonder hond) valt er vooral ondergronds wat te beleven. De ingewanden van de berg zijn een gangenstelsel van tientallen kilometers. Logisch dat je dit unicum enkel met een ervaren gids mag bezoeken. De gangen zijn het gevolg van de ondergrondse mergelwinning, die uiteindelijke resulteerde in het Noordelijk gangenstelsel en grotten Zonneberg. In het binnenste van de berg bedraagt de temperatuur rond de 10 graden. Neem dus zeker een jas of een dikke trui mee.

—

Adres: Luikerweg 71 (wijk 12), 6212 NH Maastricht, www.pietersberg.nl
Het Noordelijk gangenstelsel is het makkelijkst te bereiken met de wagen.

Wonderlijke hondenweetjes

! GOED VOOR HART EN BLOEDVATEN

De buik van je hond strelen ... hem zachtjes onder z'n kin of achter de oren krabben ... lichamelijk contact met huisdieren is gezond voor mensen. Bij het knuffelen daalt de bloeddruk en de hartslag van het dier én van de baas. Onderzoek heeft uitgewezen dat hondeneigenaars minder last hebben van hart- en vaatziektes, ook vanwege de dagelijkse wandeling. Mensen die al een infarct hadden, zouden zich dus vliegensvlug een hond moeten aanschaffen. Rijst de vraag of een huisdokter misschien, samen met de medicatie, een hond kan voorschrijven ...?

! KRIJG IK EEN POOT VAN JE?

Je hond een pootje leren geven is geen heksentoer. Dat gebaar brengt hem immers terug naar de tijd dat hij een pup was en met ritmische bewegingen van zijn voorpootjes tegen de tepel duwde om de melk te doen toeschieten. Die beweging heet 'melkslag'.

! EEN HOOGSTPERSOONLIJK PARFUM

Heft de reu zijn poot om een geurvlag te plaatsen, dan betekent dat: 'Dit is mijn domein.' Hoe hoger de hond zijn poot heft, des te zekerder voelt hij zich in zijn territorium.

Duitse herdershond

! WHAT'S IN A NAME...

De beide wereldoorlogen maakten Duitsland niet bepaald populair. Kenners van het ras zeggen dat de Duitse herder in Engeland daarom niet German shepherd (een letterlijke vertaling) heet, maar als 'Alsatian' (elzasser) door het leven gaat.

Praktische hondentips

Husky's

VRIESKOU KAN ZIEK MAKEN

Dat je een hond niet in een hete auto mag opsluiten, weet iedereen. Minder bekend is dat een dier ook in de wintermaanden kan lijden in een onverwarmd voertuig. Kleinere rassen, zoals een jack russell, of honden zonder dikke winterpels, zoals windhonden, kunnen dan onderkoeld raken. Is er sprake van bevriezing, dan zijn vaak de oren, het puntje van de staart, tenen en zoolkussens getroffen. Bij reuen is het opletten geblazen met de balzak. De huid in kwestie wordt dan wittig van kleur en voelt niet meer soepel aan.
Belangrijk is: zéér langzaam opwarmen door masseren met een zachte doek om de bloedsomloop op gang te helpen of betten met lauw (!) water. Maar, ook bij traag opwarmen zal de huid intens gloeien en rood worden. Insmeren met een goede brandzalf brengt verlichting.

EEN BEETJE VET DOET WONDEREN

Hondenpoten krijgen het bij vriesweer hard te verduren. Een ijskoud trottoir, strooizout, bevroren gras en aarde kunnen pijnlijke kloven opleveren. De loopkussentjes preventief insmeren met vaseline helpt goed. Na het uitstapje was je de pootjes met water. Let vooral ook op zout of geklitte sneeuw tussen de tenen.

10. De Oostkantons

IDEAAL VOOR VIERVOETIGE WATERRATTEN

Zwemmen, wandelen of liever luieren met je hond?

Bütgenbach heeft baasje en hond van alles het beste te bieden: een rijke natuur, helder water, meer dan driehonderd kilometer wandelwegen, volop gelegenheid om te smullen ... Het gelijknamige meer wordt aangeprezen als een toeristische trekpleister, maar men vergeet erbij te vertellen dat er hier nog veel ruige stukjes zijn, waar alleen hengelaars komen en wandelaars met hun viervoeter. Op wandelroutes waar je alleen het ruisen van de dennen hoort, waan je je soms in Canada.

In het vakantiepark Val d'Arimont wordt het moeilijk kiezen tussen luieren met een boek en je wegdoezelende viervoeter bij je of flink gaan stappen rond het meer van Robertville, waar de waterratten onder de honden hun hart kunnen ophalen. Het een sluit het ander natuurlijk niet uit!

Wil je graag totaal ontspannen teruggaan naar huis, ga dan zeker langs bij Hotel Seehof. 'Wellness' wordt hier in hoofdletters geschreven: eerst wordt alle stress uit lichaam en geest verbannen en daarna laat je je smaakpapillen verwennen met een gastronomisch vijfgangenmenu. Of mogen het ook zeven gangen zijn?

Met je hond naar het einde van de wereld!

HOTEL-RÉSIDENCE LA VAL D'ARIMONT

Hond welkom!

De weg naar het chaletpark Val d'Arimont lijkt je naar het einde van de wereld te brengen. Voorbij een godvergeten spoorlijntje eindig je ten slotte in het hart van dit groener-dan-groene park. Blikvanger is een zwembad dat in de Provence niet zou misstaan. Rond het bad staan ligstoelen om lekker te luieren en te genieten van de rust en de ruimte. Hier hoor je enkel de constante drums van een snelstromend riviertje en het zingen van de vogels.

Wij hadden nooit een hond te gast die de rust van de andere mensen verstoorde.

Hotel-Résidence La Val d'Arimont, Chemin du Val 30, 4960 Malmedy
080 33 07 61, info@val-arimont.be, www.val-arimont.be

In het park staan 36 chalets, geschikt voor twee, vier of zes personen. Ook je hond is hier welkom, maar men vraagt wel om enkele regels in acht te nemen. Per chalet zijn maximaal twee honden toegelaten, hun grootte is niet belangrijk. Ook wordt er gevraagd je hond niet mee te nemen in de slaapkamer, maar hem beneden te laten slapen in zijn eigen mandje. Op wandel in het terrein gebruik je de leiband en een poepzakje. Ook het zwembad en de kinderspeeltuigen zijn verboden terrein. Voor de rest is hondvriendelijkheid hier vanzelfsprekend. 'Wij hebben nooit een hond te gast gehad die de rust van de andere vakantiegangers verstoorde', verklaart de receptioniste.

Val d'Arimont maakt een bijzonder verzorgde indruk. Het geheel doet ook erg natuurlijk aan, zonder storende elementen. De vallei is omringd door hoge bomen en in deze groene oase staan de huisjes zo ingepland dat er geen inkijk is van de buren. De kitchenette werd uitgerust met een kookplaat, een magnetron en alles wat je maar nodig kunt hebben om te kokkerellen. Elke woonkamer heeft een open haardvuur en is gezellig bemeubeld. Vanuit de slaapkamer kijk je uit op de bosrand en het riviertje. Zet dus je raam open en laat je wekken door de vogels. In de brasserie en het restaurant zijn geen honden toegelaten. Laat je je viervoeter liever niet alleen? Dan bestel je een maaltijd bij de traiteurdienst die alle lekkers kant-en-klaar aan de deur brengt.

VOOR EEN 2de WEEKEND:
ANDERE LOGIESMOGELIJKHEDEN IN DE BUURT, WAAR JE VIERVOETER WELKOM IS

Wellness-Hotel Seehof, Seestrasse 60, 4750 Bütgenbach
080 44 56 02, www.seehof.be, www.pur-wellness.de

Appart-Hotel Lindenhof, Neuerweg 1, 4750 Weywertz
080 44 50 86, a.krings@skynet.be, www.lindenhof-weywertz.com

Vakantiegevoel met je hond

WELLNESS-HOTEL SEEHOF

Prinzess en Schleimi zijn de twee jack russells van gastvrouw Irene. Er bestaat een grote kans dat het tweetal de wacht houdt bij de deur om gasten met een hond te begroeten.

Voorbij de toegangsdeur kom je langs de receptie van het hotel. Hier kun je een blik werpen op de hal, een cirkel gevat in muren van wit marmer die aan een Griekse tempel doen denken. Dan kom je eerst in een salon, met een Scandinavische tegelkachel die tot aan het plafond reikt. De winters zijn duidelijk koud in de Oostkantons!

In het restaurant vallen de comfortabele stoeltjes op, die als geschapen zijn om eerst te smullen en dan lang na te tafelen. De tafels staan zo opgesteld dat ze uitnodigen voor een tête-à-tête. De ramen geven uit op de glooiende weilanden van het achterliggende landschap.

Blikvangers zijn de muurschilderingen-met-een-knipoog: een heksenketel, een tafereel met drie sensuele bosnimfen en een rijkelijk gedekte tafel.

Wellness-Hotel Seehof, Seestrasse 60, 4750 Bütgenbach
080 44 56 02, www.seehof.be, www.pur-wellness.de

Maar voor je je benen onder de tafel schuift – en je hond zijn pootjes – kun je op vrijdag en zaterdag je lichaam verwennen en je geest ontspannen in de 'wellnessruimte'. Met de lift reis je een verdieping lager en ook in de kamer met de ligzetels is het marmer nadrukkelijk aanwezig. Hier kijk je uit op het zwembad en de tuin. Het moeilijkst is een keuze te maken uit de vele mogelijkheden. Ter beschikking staan: een Turkse hamam waar dode huidcellen gescrubd worden, een Russische *banja* die naar berken geurt, een hydrojet om je te laten masseren, een Turks dampbad, een biologische sauna met wisselende kleuren en een klassieke Finse sauna. De inrichting is bijzonder luxueus en herinnert aan een sprookje uit Duizend-en-een-nacht. In deze ruimte is je hond niet toegelaten, maar in het restaurant is hij geen probleem. Irene: 'Toevalstreffer of geluksfactor? Wie zal het zeggen, maar wij krijgen enkel welopgevoede honden over de vloer.'

Toevalstreffer of puur geluk? Wij krijgen enkel welopgevoede honden te gast.

ANDERE RESTAURANTS IN DE BUURT, WAAR JE HOND WELKOM IS:

Zum Fischweiher, An der Janskaul 20, 4750 Weywertz, 080 44 51 28

La Belle Epoque, Bahnhofstrasse 85, 4750 Weywertz, 080 44 55 43

De mooiste wandelingen met je hond

ROND HET MEER VAN BÜTGENBACH 11 km

Worriken, het sport- en vrijetijdscentrum, heeft alles wat het hart van sportievelingen sneller laat kloppen. Het centrum ligt op een landtong die uitsteekt in het meer van Bütgenbach. Het water trekt vooral zeilers en surfers aan, want alleen vaartuigen zonder motor zijn er toegelaten. Stilte gegarandeerd dus! Je kunt hier makkelijk je auto kwijt voor de prachtige voettocht rond het meer – mét je dier natuurlijk.

Eerst volg je een eind een oude spoorwegbedding in de richting van 'Plattscheiderwald'. Aan de ene kant vang je een glimp op van de chalets van het vakantiedorp, aan de andere kant krijg je een zicht op het zogenaamde 'kleine meer'. Het wandelpad is bijzonder gevarieerd: je komt door bossen, open plekken en je beklimt vrij steile hellingen. Voorbij de stuwdam loop je door de zogenaamde Liebesallee (Liefdeslaan). Misschien een goede plek om je trouwe vriend met een extra knuffel te bedenken.

ZUM WARCHETAL 8 km

'Mit den Bütten zum Bach' betekent zoveel als 'met de tobben naar de beek'. Een variatie daarop werd 'Bütgenbach', het plaatsje waar huisvrouwen hun wasgoed naar de bron brachten toen stromend water nog niet was uitgevonden. In het hart van dit dorp start de wandelroute.

Eerst lopen baasje en hond in de richting van Weywertz, maar het dorpje zelf doe je niet aan. In plaats daarvan wandel je naar Nidrum, waar je onderweg een eerste keer over de Warche stapt. Dit plaatsje is weinig groter dan een zakdoek, daar ben je in een wip door. Ben je op zoek naar ongerepte landschappen, dan zit je hier gebeiteld. Een eind verder steek je nog een keer de Warche over, de rivier die aan de basis ligt van het stuwmeer waar Bütgenbach zijn naam aan gaf. Werp zeker nog een blik op het huidige Seniorenheim, het voormalige Hof van Bütgenbach uit de 15de eeuw, voor je terugkeert naar de auto.

ÜBER DEN WIRTZBERG 6,5 km

Beloon je hond eens met een extra dikke knuffel.

Wirtzfeld, het dorpje waar baasje en hond aan de wandeling beginnen, is een van de oudste plaatsjes in de Oostkantons. 'Wirt' betekent kastelein en 'feld' staat voor veld. Wellicht was hier ooit een onderkomen voor verdwaalde of vermoeide wandelaars op zoek naar een dak boven het hoofd of een berg voedsel. Merkwaardig is wel dat dit kleine plaatsje niet minder dan elf bruggen telt.

Je volgt de bordjes naar Rocherath. Met een ligging van 650 m boven de zeespiegel mag het zich het 'hoogste dorp van België' noemen. In een moeite door is de Johannes-de-Doperkerk het hoogst gelegen godshuis van het land.

Nu trek je verder. Een flinke klim brengt je naar de Hinterberg. Werp zeker ook af en toe een blik omhoog, want boven een weiland cirkelt soms een buizerd. Die roofvogel kan honden in de war brengen, omdat hij miauwt als een kat die hoog in de lucht zweeft. Een eind verder mag je alweer afdalen en kom je terug in Wirtzfeld.

De wandelkaart 'Rond om het meer van Bütgenbach' is te verkrijgen bij de **Dienst Toerisme van de Oostkantons**, Mühlenbachstrasse 2, 4780 Saint-Vith, 080 22 76 64, info@eastbelgium.com, www.eastbelgium.be

Doe-tips in de omgeving

28 DE STUWMEREN VAN BÜTGENBACH EN ROBERTVILLE

Niemand kan je hond verbieden om een frisse duik te nemen.

Het stuwmeer van Bütgenbach is dé bakermat van het toerisme in de Oostkantons. In de jaren 1920 groeide het idee om de Warche af te dammen. Tien jaar later werden die plannen ook uitgevoerd. In het begin kwamen enkel vissers hun geluk beproeven in het heldere water, maar dat veranderde in 1958. De Wereldtentoonstelling werd aangegrepen om kamperen in Duitstalig België in de kijker te plaatsen. Het succes was zo overweldigend dat er dringend een oplossing moest komen om de enthousiaste toeristen op te vangen. In 1968 werd begonnen met de bouw van het sportcentrum Worriken.
De eer voor dit gloednieuwe centrum viel uiteindelijk te beurt aan Bütgenbach, maar ook Robertville (nabij Malmedy) kwam in aanmerking. Ook hier droeg de bouw van een stuwdam in de jaren 1930 bij tot het aantrekken van wandelaars. Het kunstmatige meer is een paradijs voor vissers en zeilers. Niemand kan je hond verbieden om een frisse duik te nemen, alleen niet in het 'zwembadgedeelte'.

29 KASTEEL VAN REINHARDSTEIN

Een ridderkasteel zonder spookverhaal mist net dat ietsje meer. Ook Reinhardstein sprak tot de verbeelding van fantasierijke geesten. Deze legende verhaalt van een man die op een schat uit was, die hij in het kasteel hoopte te vinden. Van zijn voorouders had hij een perkament geërfd met mysterieuze tekens. Natuurlijk raakte de onfortuinlijke schattenjager onderweg zijn perkament kwijt, zodat hij zich in de finale de toverformule niet meer kon herinneren. Het verhaal wil dat hij nog steeds in het kasteel rondspookt op jacht naar het onvindbare goud.
Overigens verrees hier in 1354 voor het eerst een versterkte burcht. Zoals dat gaat met kastelen ging het domein van hand tot hand; het geslacht van Metternich

waren de laatste bewoners. In 1973 vereerde de huidige eigenaar, ene prins Paul van Metternich, de gerestaureerde burcht met een bezoek.

—

Kasteel Reinhardstein, Chemin du Cheneux 50, 4950 Robertville

080 44 68 68, reinhardstein@skynet.be, www.reinhardstein.be

Honden zijn niet toegelaten binnen in het kasteel, maar de weg erheen is een prachtige wandeling voor baas en hond.

30 GROTEKINDERENDROOM

Het godvergeten grensplaatsje Büllingen-Losheim heeft alles om grote en kleine kinderen te plezieren. Als je maar niet genoeg krijgt van de kerstsfeer, dan heeft ArsKrippana je veel te bieden. Hier staan het jaar rond kerststallen uit de ganse wereld uitgestald, van kleinoden gemaakt met lucifers tot pronkstukken die hele taferelen uit de Bijbel laten zien.
Welk kind heeft er nooit gedroomd van een elektrische trein? Bij ArsTecnica wekten de eigenaars hun droom tot leven, met meer dan 2000 m sporen en 100 treinen die door zorgvuldig nagebouwde dorpen en groene landschappen rijden. De liefhebbers zullen watertanden!
Een derde plek om je te verwonderen is ArsFigura. Hier reis je terug naar de 19de eeuw in een wereld die bevolkt wordt door bewegende poppen. Die wonen in verbluffende huizen en winkels die tot in het kleinste detail en met eindeloos geduld nagebootst werden.

—

ArsTecnica, ArsKrippana, ArsFigura, aan de Duits-Belgische grens, Hergersberg 4, 4760 Büllingen

080 54 87 29, www.arstecnica.net, www.arskrippana.net, www.arsfigura.net

Wonderlijke hondenweetjes

! EEN KAARS VOOR ELK JAAR

Algemeen aangenomen wordt dat een 'hondenjaar' gelijkstaat met zeven 'mensenjaren'. Dat is niet correct, in de jeugd van eender welk ras verloopt een en ander veel sneller. Een pupje van zes maanden is als een kind van tien jaar, op de leeftijd van twaalf maanden is hij een puber van vijftien. En reken maar, daar gedraagt die spring-in-'t-veld zich ook naar!

Op twee jaar heeft hij de leeftijd van 24 bereikt en met elk jaar erbij mag je er zes 'mensenjaren' bijtellen. Op de leeftijd van tien wordt hij een vijftigplusser en met twaalf jaar mag hij met pensioen. Een hond die de twintig benadert, stevent af op de leeftijd van een eeuweling.

! WAARDIG OUDER WORDEN

Een beetje beweging doet heus geen kwaad. Met een oudere hond kun je elke dag een wandeling maken, maar zeker geen lange tochten. Eén die na een inspanning uitgeteld neerploft, heeft te veel gegeven van zichzelf en dat is niet bevorderlijk voor de gezondheid. Meerdere keren per dag een blokje om sloffen is een beter idee, zelfs een weggegooid stokje terugbrengen of met een balletje spelen is beter dan niets. Helaas gaan sommige honden zo enthousiast door met spelen, dat ze er dreigen bij neer te vallen. Hier geldt: jij bent de baas en jij weet beter wanneer te stoppen dan hijzelf.

! AFSCHEID NEMEN

Een wijs iemand zei ooit: 'De enige fout van een hond is dat hij geen honderd jaar wordt.' Dus, is je hond klaar om te vertrekken over de 'regenboogbrug' (de hondenhemel), stel jezelf dan de vraag 'wat heeft hij nog aan zijn leven?' Goed, jij wilt hem nooit kwijt, maar als het antwoord op die vraag 'pijn en lijden' is, laat dan de dierenarts aan huis komen om hem te laten inslapen. Zo bespaar je je liefste vriend flink wat onnodige stress.

Praktische hondentips

BEET VAN EEN TEEK? BETER VOORKOMEN...!

In de zomer kunnen teken een ware pest zijn. Een teek is een parasiet die het bloed van mens en dier opzuigt. Hun beet is niet pijnlijk, maar de kwelgeesten kunnen wel de ziekte van Lyme (een gewrichtsaandoening) overdragen.
Een teek moet je dan ook zo snel mogelijk verwijderen. Het is dus nuttig om het lichaam van je vriend elke dag af te tasten - zeker bij honden met een dichte vacht. Een teek haal je doeltreffend weg met een tekentang, verkrijgbaar in de apotheek. Je pakt de parasiet bij het achterlijf en je draait tégen de wijzers van de klok in. Zeker nooit de teek eerst doden met alcohol! Dan breekt immers het lijf van de lastpost af en blijft de (dode) kop in de huid steken.
Voorkomen is het beste. Bij de apotheek is 'Frontline' te koop, een product waarmee je hond drie maanden lang immuun blijft voor teken en vlooien.

EN HOE ZIT HET MET HONDSDOLHEID?

Voor alle duidelijkheid: in België heeft rabiës nooit de natuurlijke grens van Samber en Maas overgestoken. In Vlaanderen is er dus absoluut geen reden tot paniek. Reis je met je hond naar Wallonië, dan moet je wel een geldige inenting tegen de ziekte kunnen voorleggen. Raak in elk geval nooit een dood dier aan en het veiligste is dat je je hond er ook niet laat aan snuffelen. Je weet immers maar nooit...

Pup golden retriever

Een zalig menu van telkens 20 weekendjes weg:

www.lannoo.com

Omslagontwerp en lay-out: Keppie & Keppie
Teksten: Santina De Meester
Omslagfoto's: Johan De Meester
Fotografie: Johan De Meester, met aanvullingen van Henk Ocket (p. 7) en Maarten Van Steenbergen (p. 21)
Cartografie: Elke Feusels

D/2008/45/9 - ISBN 978 90 209 7568 0 - NUR 502, 504, 431

Gedrukt en gebonden bij Drukkerij Lannoo.